もくじ

Part 1
12星座何でもランキング … 5

- やじうま♪ランキング … 6
- 約束はゼッタイ★ランキング … 8
- さびしがり屋♥ランキング … 10
- 聞き上手★ランキング … 12
- 性格が変わる度♥ランキング … 14
- 恋の長続き度★ランキング … 16
- いろいろ相性BEST 3 … 18

Part 3
血液型うらないでチェック … 81

- A型少女の観察レポート … 82
- B型少女の観察レポート … 84
- O型少女の観察レポート … 86
- AB型少女の観察レポート … 88

血液型でチェック！目げき情報！ マンガ
- 火事だ！持ってにげるのは!? … 90
- 10万円ひろった！どうする？ … 91
- ヒミツの話を聞いちゃった!? … 92
- 約束をドタキャンされたら!? … 93
- テストで悪い点！どうする!? … 94
- ダジャレがスベッた！どうする？ … 95

おもしろランキング発表！ … 96
一番、ダ〜レだ!? … 98

Part 2
星座うらないで大かいぼう … 19

おひつじ座	ガール…20	ボーイ…22
おうし座	ガール…24	ボーイ…26
ふたご座	ガール…28	ボーイ…30
かに座	ガール…32	ボーイ…34
しし座	ガール…36	ボーイ…38
おとめ座	ガール…40	ボーイ…42
てんびん座	ガール…44	ボーイ…46
さそり座	ガール…48	ボーイ…50
いて座	ガール…52	ボーイ…54
やぎ座	ガール…56	ボーイ…58
みずがめ座	ガール…60	ボーイ…62
うお座	ガール…64	ボーイ…66

将来のお仕事は？ … 68

Part 4
プリンセス★恋うらない … 99

- 人魚姫 … 102
- ラプンツェル … 104
- かぐや姫 … 106
- ねむり姫 … 108
- シンデレラ … 110
- 白雪姫 … 112
- プリンセスタイプで見る行動パターン … 114

Part 5 九星でみる月命星・本命星うらない　115

ジュニアのうらない
- 一白水星 ‥‥‥ 118
- 二黒土星 ‥‥‥ 119
- 三碧木星 ‥‥‥ 119
- 四緑木星 ‥‥‥ 120
- 五黄土星 ‥‥‥ 120
- 六白金星 ‥‥‥ 121
- 七赤金星 ‥‥‥ 121
- 八白土星 ‥‥‥ 122
- 九紫火星 ‥‥‥ 122
- 月命星別ラッキースポット ‥‥‥ 123

おとなのうらない
- 一白水星・二黒土星・三碧木星 ‥‥‥ 124
- 四緑木星・五黄土星・六白金星 ‥‥‥ 125
- 七赤金星・八白土星・九紫火星 ‥‥‥ 126

Part 6 ナンバー相性うらない　127

- 1のあなた・2のあなた ‥‥‥ 130
- 3のあなた・4のあなた ‥‥‥ 131
- 5のあなた・6のあなた ‥‥‥ 132
- 7のあなた・8のあなた ‥‥‥ 133
- 9のあなた ‥‥‥ 134

宿命の相性
- 1のあなたとみんな ‥‥‥ 136
- 2のあなたとみんな ‥‥‥ 139
- 3のあなたとみんな ‥‥‥ 142
- 4のあなたとみんな ‥‥‥ 145
- 5のあなたとみんな ‥‥‥ 148
- 6のあなたとみんな ‥‥‥ 151
- 7のあなたとみんな ‥‥‥ 154
- 8のあなたとみんな ‥‥‥ 157
- 9のあなたとみんな ‥‥‥ 160

Part 7 過去世と赤い糸うらない　163

ステップ1 あなたの過去世と出会い
- エジプトの女王 ‥‥‥ 166
- スペインの歌姫 ‥‥‥ 168
- アメリカの情報部員 ‥‥‥ 170
- フランスの学者 ‥‥‥ 172
- シルクロードの商人 ‥‥‥ 174
- モンゴルの巫女 ‥‥‥ 176
- イギリスの女海賊 ‥‥‥ 178
- イタリアのシスター ‥‥‥ 180

ステップ2 運命の糸は何色？
- レッド、イエロー ‥‥‥ 183
- ピンク、パープル ‥‥‥ 184
- ブラウン、ブルー ‥‥‥ 185
- グリーン、オレンジ ‥‥‥ 186

♥ プチOMA ♥
ページを開くと、右下におまじないがのっているよ！ なんとその数130本！ その日の気分でパッと開いたページの「プチOMA」をやってみて♥

Part 8
スイーツ♥キャラうらない 187

- ジェラートちゃん・クレープちゃん ……191
- ティラミスちゃん・マカロンちゃん ……192
- ドーナツちゃん・ザッハトルテちゃん ……193
- イチゴ大福ちゃん・どらやきちゃん ……194
- プリンちゃん・パフェちゃん ……195
- バウムクーヘンちゃん・シュークリームちゃん ……196

Part 9
ガールズ風水 197

- フレンド風水 ……199
- ラブ風水 ……203
- LUCKY風水 ……206
- スクール風水 ……208
- 風水的HAPPY FOOD ……210

Part 10
口コミおもしろうらない 213

Part 11 特別カード1
ルノルマン式カードうらない 225

- コンビ・スプレッド ……228
- ファイブ・スプレッド ……230
- 34枚のカードの意味 ……234
- 願いがかなう魔法円 ……252

Part 12 特別カード2
オガムカードうらない 253

- 守護樹うらない ……256
- ワン・オガム・リーディング ……270
- フォーチュン・リーディング ……272
- 25枚のカードの意味 ……274
- オガムカードでおまじない ……287

特別カード
ルノルマン式カード & オガムカード

225ページの「ルノルマン式カードうらない」と253ページからの「オガムカードうらない」で使うカードが巻頭についているよ。ハサミの線にそってていねいに切り取ってね！

ふたご座は好奇心のかたまりで、堂々の1位。流行モノが大好きで、小さなうわさ話でも聞きのがさないはず。いて座は何にでも興味しんしんだけど、そそっかしいのでカンちがいも多いよ。みずがめ座は人が知らないことを知るのが喜びなので、新しいことへの興味は人一倍。かに座はみんながやっているなら自分もやろうと思うので、情報にビンカン。てんびん座は話題のために最新情報やトレンドに目を光らせているタイプ。おひつじ座としし座は、人がどう思おうと自分がカッコイイと思うことならすぐやるけど、そうでなきゃ興味ナシ。おとめ座は大勢が興味を示すものにはひかれないかも。うお座は自分の世界とちがうものはまったく受けつけないみたい。やぎ座は自分からは動かず、あとで人に様子を聞くタイプ。さそり座とおうし座はドーンと不動！ 口コミには流されないよ。

9/22生まれ)、てんびん座（9/23～10/23生まれ）、さそり座（10/24～11/22生まれ）、いて座（11/23～12/21生まれ）、やぎ座（12/22～1/19生まれ）、みずがめ座（1/20～2/18生まれ）、うお座（2/19～3/20生まれ）

♥プチOMA　赤いものを食べると、身体の中からパワーがわいてくるよ！

Part1 12星座何でもランキング

おとめ座は相手を信用して、どんなギセイをはらっても約束を守るタイプ。やぎ座は責任感が強いガンコ者。一度決めたことは守りぬくよ。おうし座は、約束を破られるとめっちゃ頭にくるから、自分もちゃんと守るという信念があるよ。さそり座は、そもそもかんたんに約束しない！　守れる約束しかしないので、逆に安心。ふたご座は軽く引き受けるので心配になるけど、じつはかげでがんばって何とかしてくれるはず。しし座とおひつじ座は、天然系。ちょっとした約束にこだわったかと思えば、大事な約束を忘れちゃうことも。うお座は、断れなくて強引に約束させられそう。だから、そんなに大事だとは思わず、軽い気持ちで破っちゃうことも。てんびん座とかに座は気まぐれ。そのときの気分次第で知らん顔することもありそう。みずがめ座といて座は、とにかくしばられるのがキライ！　だから約束もあまりしないかも。

9/22生まれ)、てんびん座（9/23〜10/23生まれ)、さそり座（10/24〜11/22生まれ)、いて座（11/23〜12/21生まれ)、やぎ座（12/22〜1/19生まれ)、みずがめ座（1/20〜2/18生まれ)、うお座（2/19〜3/20生まれ)

プチOMA　目をチャームアップさせたいなら、みけんに指で★をかいて。

1人にしないで！
さびしがり屋♥ランキング

- 1位 しし座
- 2位 かに座
- 3位 おひつじ座
- 4位 みずがめ座
- 5位 ふたご座
- 6位 うお座
- 7位 てんびん座
- 8位 おうし座
- 9位 いて座
- 10位 おとめ座
- 11位 やぎ座
- 12位 さそり座

誕生日と星座　おひつじ座（3/21〜4/19生まれ）、おうし座（4/20〜5/20生まれ）、ふたご座（5/21〜6/21生まれ）、かに座（6/22〜7/22生まれ）、しし座（7/23〜8/22生まれ）、おとめ座（8/23〜

Part1 12星座何でもランキング

　しし座はマイペースで強そうだけど、じつはさびしがり屋だから、人に囲まれていたいの。かに座もあまえんぼう。そばにだれかいないとダメみたい。おひつじ座もひとりぼっちには弱いタイプ。いつも元気だけど1人になると、とたんに弱気。みずがめ座も、意外にさびしがり屋。仲間を作ってグループ行動したがるのはそのせいかも。ふたご座も、だれかとおしゃべりしているときが一番安心。うお座は仲間がいないと不安になるよ。ただしキズつきやすいから、1人の時間も大事。てんびん座は取り残されるのがイヤだから、友だち作りに一生けん命。おうし座はおっとりしていて、さびしがり屋っぽいけど、シンは意外にしっかり者。いて座は、にぎやかなのも好きだし、1人でいても平気な、タフな人。おとめ座はさびしがるヒマもないくらい、いそがしそう。やぎ座とさそり座はそもそも孤独に強い！

9/22生まれ)、てんびん座（9/23〜10/23生まれ）、さそり座（10/24〜11/22生まれ）、いて座（11/23〜12/21生まれ）、やぎ座（12/22〜1/19生まれ）、みずがめ座（1/20〜2/18生まれ）、うお座（2/19〜3/20生まれ）

♥プチOMA♥　おフロでは、ダイエットしたい部分に指で♪のマークをかいて。

おうし座は話しやすさがあるよ。あたたかい表情で話をじっくり聞いてくれるタイプ。てんびん座は人とのつながりを大切にするから、相談ごとにも親切。おうし座もてんびん座もアドバイスが的確。やぎ座も真剣に受け止めて、アイデアを出してくれるありがたい相手。ふたご座は、その場ではノリがよく、聞き上手だけれど、あとで全部忘れていることも。おとめ座は注意深く話を聞くけど、せっかちで自分でサッサと結論を出しちゃいそう。かに座はやさしいけれど、相手にアドバイスするのはエンリョしがち。みずがめ座は興味のある話は熱心に聞くけど、それ以外は聞いてくれないかも。うお座とさそり座は得意分野がせまく、不得意分野の話は聞いても理解できない様子。いて座とおひつじ座は、人の話をじっくり聞いているのがニガテ。しし座はつい人の話を横取りして、自分が話すのに夢中になっちゃうことも。

9/22生まれ)、てんびん座（9/23〜10/23生まれ)、さそり座（10/24〜11/22生まれ)、いて座（11/23〜12/21生まれ)、やぎ座（12/22〜1/19生まれ)、みずがめ座（1/20〜2/18生まれ)、うお座（2/19〜3/20生まれ)

プチOMA　鏡のウラに願いごとをはると、月の女神がかなえてくれる★

いて座は、ふだんはサバサバとした性格だけど、恋すると、とたんにシャイなおとめ。逆にふだんガーリーなうお座は、カレができるとたのもしくなるよ。愛のためなら強くなるタイプ。おうし座も恋をするとガンコさが表に出て強気になりそう。かに座は母性本能をハッキして、カレにつくす姿がすでに奥様！ふたご座は相手の望むまま、どんなタイプにも変身する、天性の女優。さそり座とおとめ座はシットすると別人みたいにこわ〜くなるよ。やぎ座はあまりめだった変化はなく、恋を秘密にしていそう。しし座は、ふだんと同じでマイペースだから、変わらないかも。おひつじ座もストレートな行動や言葉で、相手が友だちでもカレでも同じ態度。みずがめ座は恋しても熱くならず、クールなまま。てんびん座はポーカーフェイスがうまいから、まわりからは、カレができたかどうかすらわかりにくいかも。

9/22生まれ)、てんびん座（9/23〜10/23生まれ)、さそり座（10/24〜11/22生まれ)、いて座（11/23〜12/21生まれ)、やぎ座（12/22〜1/19生まれ)、みずがめ座（1/20〜2/18生まれ)、うお座（2/19〜3/20生まれ)

プチOMA　ハンドクリームをぬりながら、「ギューフ」と言うとラブ運♪。

かに座は、しんちょうに考えてからつき合い始めるので、長く続くよ。世話好きな面も◎。おとめ座はカレの態度がおかしいと思ったら、じっくり話し合って復活愛。さそり座は、いったん好きになった相手をキライになることがない！しんぼう強いやぎ座は、別れをさけるためなら何でもガマンするタイプ。しし座はウワキっぽいけど、本命の男のコとは長続きさせようとがんばるよ。おうし座は、つき合うとすぐに結婚までモーソーしちゃうほどホット。ねばり強さバツグン。うお座は、別れベタ。終わらせたくても言う勇気がなくて、ダラダラ続いちゃう。おひつじ座はうまくいかなくなると、めんどうになってにげちゃう。てんびん座は楽しくなくなると、アッサリ別れを選びがち。みずがめ座といて座、ふたご座は、恋多きおとめたち。1つの恋にしばられるなんてイヤだと思っていそう。

9/22生まれ)、てんびん座（9/23～10/23生まれ)、さそり座（10/24～11/22生まれ)、いて座（11/23～12/21生まれ)、やぎ座（12/22～1/19生まれ)、みずがめ座（1/20～2/18生まれ)、うお座（2/19～3/20生まれ)

プチOMA ♥ ハンカチを2枚持ち歩くと、だんだん友だちが増えていくよ。

17

いろいろ相性 BEST3

「ケンカするほど」仲がいい 相性

1位 おひつじ座 × しし座

2位 しし座 × しし座

3位 いて座 × やぎ座

「なぜかはなれられない」磁石 相性

1位 かに座 × しし座

2位 うお座 × おうし座

3位 てんびん座 × いて座

「盛り上がる！」ヒートアップ 相性

1位 かに座 × ふたご座

2位 さそり座 × みずがめ座

3位 おうし座 × てんびん座

「ヒミツを共有」こそこそ 相性

1位 さそり座 × やぎ座

2位 おうし座 × おとめ座

3位 かに座 × やぎ座

「ピピッと感じ合う」シゲキ 相性

1位 さそり座 × うお座

2位 おひつじ座 × てんびん座

3位 いて座 × しし座

おひつじ座ガール

3/21〜4/19生まれ

Aries Girl

ラッキーカラー: レッド
守護星: 火星
ラッキーナンバー: 9

主役になる星座

12星座の始まりはおひつじ座から。物語なら、主人公しょうかいのページね。そのためおひつじ座ガールには主役になる素質があるの。まっすぐな正直さと情熱的な行動が、まぶしいミリョクだよ★ ちょっぴりワガママを言っても受け入れてもらえるはず。

ナミダあり、笑いあり

特ちょうは素直さ。感げき屋でナミダもろく、はじけるように大笑いしたり、カッと怒ったり……、ケンカっ早い人も多い星座。でも、いつまでもグチグチ言わないからすぐに解決するよ。感情をもう少しおさえられれば、おとなしいコも声をかけやすくなるかも。

いつも心に目標を持とう！

おひつじ座ガールがパワーダウンするのは、目標がなくなったとき。達成したとたんに、はりあいがなくなって、フキゲンになることもあるみたい。おひつじ座は情熱の星座！ すぐに気持ちを切りかえて、新しい目標を作ろう。メラメラ燃える火を絶やさないように！

20

恋愛力診断

恋の情熱度

100%

直球勝負で
アプローチ！
障害があるほど
燃える熱血型で、
100%。

アプローチ力

**好きになったら一直線に
進む情熱ガール！**

反対されてもヘイキ！ ライバルがいれば戦う！ 一度「好き♥」と思うと、何があってもカレへの恋心は止められないよ。あまりに一生けん命になりすぎて、カレに引かれないようにね。

ミリョクUPのポイント

**みんなへの感しゃで、
主役まちがいなし！**

自分がめだつことでカゲになる人がいる、あなたのためにフォローしてくれる人がいる、そのことに気づいて思いやりを心がければ、ヒロイン度はさらにアップするよ！

カノジョの中のかくれキャラ

Part 2 星座うらないで大かいぼう

おひつじ座はボーイッシュなイメージだけどバスケしようよ！

だいじょうぶ？
ホントはビックリしちゃうくらいガーリーなんだよ

これつかって…
カワイイものが好きでオトメチックだったりして……

♥ プチOMA　左手の中指に⛎マークをかき、そこをおすと勉強がはかどる。

とつげきインタビュー！

Part 2 星座うらないで大かいぼう

カレはノーテンキで、怒られてもめげないんだ。イベントとかでは超盛り上がるタイプ。でも計画がおおざっぱで、とちゅうであきてほうり出すから重要な役目はムリなんだけどね。

< おひつじ座ボーイ

ハマっているものは何ですか❓

おひつじ座ボーイ
頭より身体を使うほうがトクイだから、スポーツは好き❗ シュミは女のコや先生にイタズラすることです（笑）😛。

好きなタイプはどんなコ❓

おひつじ座ボーイ
オシャレでセンスのいいコがいいなー❤ それとお嬢様っぽいコが好みなんだ😀 おしとやかでやさしい笑顔のコが最高〜❗

ニガテなタイプはどんなコ❓

おひつじ座ボーイ
すぐ泣くコ😭 泣かれるとどうしていいかわからなくて、頭の中真っ白になるから。あと、ガンコで暗〜いコもニガテ😕

恋の作戦を教えてください❤

おひつじ座ボーイ
当たってくだけろ❗ とにかく声をかけるよ😤

友だちからの声

カレの中のかくれキャラ

オレが、オレがと自分の話をしようと熱くなると、たんなるワガママな男のコに変身。強引な態度を取ってまわりを困らせちゃう。自分の思いどおりにならないときは、攻撃的になって、ちょっとこわいカレになるかも……。

❤ プチOMA ❤ 青いものを見て「清めよ！」と言うと、イヤなことを忘れられる。

おうし座ガール

4/20〜5/20生まれ

ラッキーナンバー **6**

守護星 **金星**

ラッキーカラー **コバルトブルー**

みんなのいやし系

つねに平和でおだやかな人間関係をめざすよ。友だちとの口ゲンカや、いいかげんなつき合いは、おうし座にとって大きなストレスなの。なごやかな性格で、みんなにとって「いやしの存在」となるはず。友だちのなやみ相談は、やさしく親切に聞いてあげてね。

「好き」に出会うと一直線

おうし座ガールの成功スタイルは「ねばり勝ち」。時間はかかるけれど、かならず結果を出せる人。じっくり熱中できるものに出会えたなら、成功はゲットしたも同然！ 感性が豊かだから、一生を通じて芸術と縁が深いのも、おうし座ガールの特ちょうだよ。

ケチにならないように注意

ソントク計算が早いおうし座ガール。自分のトクのためにズルをすることはゼッタイないけど、「ラクなほう」「おトクなほう」を選びやすいのはたしか。プレゼントや「おごる」場面では、ちょっぴりケチになってしまうことも。みんなとのおつき合いでは、まわりに合わせると◎。

恋愛力診断

恋の情熱度

じっくり時間をかけて恋するタイプ。のんびりしているから、情熱も低めの20%。

20%

アプローチ力

カレをじっくり観察！でもなかなか進めない

カレのことなら何でも知っているんだけど、見ているばかりでアプローチできない、はずかしがり屋だよ。しっかり計画を立てて、予定どおりに行動しよう！ 勇気を持てば道は開けるよ！

ミリョクUPのポイント

意地をはらずに、みんなの意見も聞こう！

おうし座はしんちょうな星座。何ごとも用心しながら進めていくタイプが多いの。その分、ときどきガンコになってしまう点には注意。まわりの意見も聞くようにすれば、ミリョクUPだよ！

カノジョの中のかくれキャラ

Part 2 星座うらないで大かいぼう

みんなにやさしい おうし座

だ・け・ど……

どっちがホントに好きなの!?
だれにでもやさしいからトラブルも……

どっちも大好きよ？
本人は何がイケナイのかまったく気づいていない

♥プチOMA　小さなシールを耳の後ろにはると、ラッキー情報がもらえる♪

おうし座ボーイ

4/20〜5/20生まれ

Taurus Boy

意外な実力派

やさしくておだやかなおうし座ボーイ。いっしょにいるとやすらぐ「ほんわかキャラ」なので、みんなからの人気も高いよ。そんなカレも、勉強やクラブ活動では、コツコツ努力を重ねるタイプ。決してハデな活やくはしないけど、かくれた実力派と言えるの！

負けずギライ！

おうし座ボーイは、シュミにオリジナルのこだわりを持っている人が多いよ。インテリアや音楽には、強いポリシーがあるみたい。そんな美的センスバツグンのカレは、女のコともショッピングや食べものの話題で盛り上がれちゃう★ 気軽にいろいろな話題をふってみて！

攻略のカギ

こだわりがあるから、カレの大事にしているものに興味を持ってあげるとベスト。どんなものが好きなのか、しっかり聞いてあげて。そしていっぱい質問しよう。きっとうれしくなるはずだよ♥

とつげきインタビュー！

おうし座ボーイ

ハマっているものは何ですか❓

> おうし座ボーイ
> よく食いしんぼうって言われるんだよね。たしかにお菓子とか好きだから、新製品が出たらすかさずチェックするけど😊

好きなタイプはどんなコ❓

> おうし座ボーイ
> かわいくて、女のコらしいコが好き。フリルやレースの服、いいね♥ 女のコのイメチェンにはビンカンなほうだと思うよ😊

ニガテなタイプはどんなコ❓

> おうし座ボーイ
> らんぼうなコはイヤだね✴ 言葉使いが男っぽいのもがっかりするよ。あと、いばってるコはちょっといじめたくなるかも😊

恋の作戦を教えてください♥

> おうし座ボーイ
> アセらず、マイペースでねばってみるさ〜❇

Part 2 星座うらないで大かいぼう

カレは前に出るタイプじゃないけど、なかなかシブい意見を言うので、まとめ役になることが多いよ。ふだんはわりとジミなイメージだけど、イザというときにたよりになるね。

友だちからの声

カレの中のかくれキャラ

いつものやさしいカレからは想像できないけれど、一度「こうだ！」と思うとゼッタイに意見を曲げないガンコさが。人やものに対しての執着心が強くて、ときどき「しつこい」＆「セコイ」言動が見えかくれすることも……。

 試合の前には、手に指で矢印をかいて「ティール」ととなえて。

ふたご座ガール

5/21～6/21生まれ

ラッキーナンバー 5

守護星 水星

ラッキーカラー イエロー

トークの達人！

おつき合いセンスがバツグンのふたご座ガールは、男女関係なく仲よくできる人。また、好奇心がおうせいだから、新しい話題や流行にとてもビンカン。話題が豊富で相手をあきさせず、いつも会話を盛り上げるよ。話し出すととまらなくなるところが、ちょっぴり心配だけど。

サッパリした現代っコ

めんどうなことや時間がかかることがキライなふたご座ガールは、サッパリ風味の現代っコ。ときどき調子が軽くて、みんなから「テキトー」と思われてしまうことがあるかも……。イザというときには、しっかりした部分をビシッとみんなに見せるようにしよう。

何でも器用にできちゃう

ふたご座ガールはフットワークが軽く、勉強も遊びも、そして恋もうまくこなせちゃう。ただし、あきっぽいのも特ちょうだよ。何でもできるのに長続きしないので、なぜか「一番トクイ」がないかも……。もう少し「努力」を意識すれば、ねむっている才能がのびるはず。

恋愛力診断

恋の情熱度

男のコを夢中にさせるテクは一流だけど、気が多くて真剣さが低いかも!?

アプローチ力

恋もノリよく軽く!?
おつき合い名人だよ！

人の気持ちを読むのが上手なので、カレの心をつかんで、夢中にさせちゃうよ。ただちょっぴり気まぐれなので、カレをヒヤヒヤさせちゃうことも。同時に何人かとつき合ったりして!?

ミリョクUPのポイント

**話しやすさはバツグン。
今度は聞き上手になろう！**

ひとりひとり、じっくり話を聞いて親身になってあげよう。ただし、聞いた話を他のコに話しちゃうのはダメ。話のネタが豊富なのはいいけど、口のかたさをイシキすると、もっとミリョクUP！

カノジョの中のかくれキャラ

Part 2 星座うらないで大かいぼう

新しい情報とおしゃべりが大好物のふたご座

流行を追って話題のスイーツ♥

え!? これ食べたら頭よくなるの?? うわさをホンキで信じて

うっかりデマを広めちゃうことも……
ニュースニュース!!

▼プチOMA　イルカのモチーフは、人との会話を盛り上げてくれるよ。

29

ふたご座ボーイ

5/21～6/21生まれ

何でも知ってるよ!

何となくオシャレなふんいきがあって、話上手なふたご座ボーイは、女のコにも注目されるタイプだよ。そのうえ流行にもビンカンだから、いろいろなジャンルの最新情報はバッチリ！「よく知ってるね！」と感心されるのが、じつはイチバンうれしいみたいよ★

あきるのも速い!?

頭の回転も速いし、勉強と遊びをスマートにこなすから「何でもできる人」というイメージが強いカレだけど、じつはかなりあきっぽいの。だから本当にトクイなものは意外と少ないみたい。あと、反射神経がバツグンだから、サッカーや野球は大トクイ！

攻略のカギ

気分にムラがあるから、ゴキゲンなときに話しかけるのが正解。楽しい遊びの計画があるときは思い切ってさそってみよう。カレからのさそいにはもちろんソッコーOKしてね。グズグズしてたらダメ！

とつげきインタビュー！

ふたご座ボーイ

ハマっているものは何ですか❓

ふたご座ボーイ
人をおどろかせるのがカイカン❗めずらしい文ぼう具や新しいゲームはイチバン早くゲットしたいから、情報集めがシュミかも😊

好きなタイプはどんなコ❓

ふたご座ボーイ
カンがいいコって理解が速くて気持ちいい。スピーディーでノリのいいコが最高🎵 しっかり気配りできるコにもひかれるよ❤

ニガテなタイプはどんなコ❓

ふたご座ボーイ
正直に言うと……、トロいコにはイライラしちゃうんだよね……😖 ファッションや持ちものがダサイコにも興味を持てないなぁ💧

恋の作戦を教えてください❤

ふたご座ボーイ
とにかくいっしょに遊びにいってみる❗

Part 2 星座うらないで大かいぼう

いろいろめずらしいことを知っているし、だれとでも仲よくなるから人気があるよ。まあ、ちょっと軽いというか、忘れっぽいんだよね……ちょっと天然が入っているから……。

友だちからの声

カレの中のかくれキャラ

スマートなカレだけど、じつは弱気な面があるの。追いつめられるとついテキトーな話や小さなウソで、自分を守ろうとしちゃう。とくにめんどうな人間関係がニガテだから、トラブルに巻きこまれたら、にげ出しちゃうかも……。

 前髪を引っぱりながら、「リルフェイス」ととなえると、小顔に。

かに座ガール

6/22〜7/22生まれ

守護星 月

ラッキーナンバー 2

ラッキーカラー シルバー

女のコらしさ一番

守護星である月が「女性」のシンボルなので、かに座ガールは女のコらしさにあふれているよ。料理やそうじがトクイで「将来、いいおよめさんになれそう」と思っている男のコも多そう。ファッションも女のコらしいふんいきの、かわいいタイプが多いはず。

みんなのマドンナ!?

かに座ガールは、相手の気持ちの変化にビンカンなの。どんな相手にも自分を合わせられるので、親しみやすいタイプ。人間関係では、いつもだれかの世話を焼いているので、たよりにされているよ。でも、ときどき親切が「おせっかい」になっちゃうことも……。

「好きキライ」で決めちゃう

じつは「好きキライ」がハッキリしているタイプ。人も好きキライで判断することの多いかに座ガールは、心を許せる友だちが意外と少ないかも。勉強でも、ニガテなものは「見るのもイヤ！」状態。友情も勉強も、食わずギライや思いこみをなくすと、楽しいコトが増えるよ。

恋愛力診断

カノジョの中のかくれキャラ

Part 2 星座うらないで大かいぼう

恋の情熱度

70%

好きになったらいちずに愛するタイプ。シットやソクバクのはげしさも人一倍だよ！

こわがりでおとなしいかに座だけど

アプローチ力

仲のいい友だちから恋にステップアップ！

ひと目ボレすることはあまりなく、長く友だちでいる男のコを好きになるパターン。自分から告白するより、ねばり強く待って、カレに告白させるよ。つき合いだすと、カレひとすじに♡

決めた！告白する!!
イザというときはおどろくほどダイタン!!

ミリョクUPのポイント

「親切」は軽く、さりげないほうが喜ばれる！

せっかくの親切が相手に素直に受け入れられないと、フキゲンになっちゃうところが玉にキズ。押しつけないようにすれば、みんなからの評価がもっと上がって、ミリョクUPだよ！

人の意見なんてゼンゼン聞かず突き進み……

好き！
劇的な情熱アプローチ……！

♥プチOMA♥ かんそうさせたオレンジの皮を、★型に切るとお守りになるよ。

かに座ボーイ

6/22〜7/22生まれ

盛り上げるタイプ

かに座ボーイは気がきく性格で、みんなをなごませる「おしゃべり上手」。男女どちらからも人気が高く、グループ内ではまわりを盛り上げるポジションにいることが多いよ。また、感動屋でナミダもろい面も、かに座ボーイに胸キュン♥しちゃうポイントかも。

めんどう見がいい！

困っている人や弱い立場の人を見ると「何とかしてあげたい」と全力で助けようとするよ。そんなめんどう見のいいカレだけど、じつはとてもデリケートな心を持っているの。「相手にどう思われているかな」と、いつも気にして、ハラハラしているはず……。

攻略のカギ

あまえるのも、あまえられるのも好きなのが、かに座ボーイ。ときには、カレの世話を焼き、ときにはカレにたよってみるのもよさそう♥ あなたのそのギャップに、カレはドキドキするかも♥♥

とつげきインタビュー！

Part 2 星座うらないで大かいぼう

かに座ボーイ

> ハマっているものは何ですか❓

かに座ボーイ
きれいな部屋でまったりするのが好き。オシャレなインテリアなんかにも興味あるから、ちょっと研究中です……😎

> 好きなタイプはどんなコ❓

かに座ボーイ
じつは、自分がリードするというより、たよれるしっかり者の女子にあまえちゃいたい……とか思ってるんだよね❤

> ニガテなタイプはどんなコ❓

かに座ボーイ
無口もおしゃべりもどっちもニガテ😣 無口なコは頭の中がわかんなくてこわいし、おしゃべりなコはついていけない感じがする😑

> 恋の作戦を教えてください❤

かに座ボーイ
ふたりきりになれる空間でピタッとくっつく😆❤

カレはだれからも好かれているよ。何か助けてあげたくなる感じ？そのせいか年上の人や先生からのウケがいいみたい。ただ少しあきっぽくて、ちょっとふり回されることも。

友だちからの声

カレの中のかくれキャラ

かに座ボーイは、気分がコロコロと変わりやすい傾向があるみたい。その日の気分によって言うことがちがうから、みんなを困らせることもしばしば……。また、お金にこまかいところもあるので、ワリカンのときに、ちょっぴりケチな一面を見せるかも。

 白い紙に銀色のペンで目をかき、おでこに当てると集中力♪。

しし座ガール

7/23～8/22生まれ

守護星 太陽

ラッキーカラー ゴールド

ラッキーナンバー 1

まさに女王様！

守護星の太陽のように、キャラも明るくオープン。そんな個性をハッキしして、リーダー役をまかされることも多そう。正義感が強く、イジメや曲がったことが大キライ！ 弱い人をかばい、「まかせといて！」とたのもしく行動するから、みんなにしたわれているよ。

1人になるとしょんぼり

はなやかな第一印象と逆に、心はデリケートで、こまやかな気くばりができる人。そのギャップも人気だよ。また、仲間が多いと陽気なのに、1人になると急に「おとなしいコ」になっちゃう。ホントはさびしがり屋であまえんぼう。いつもみんなといっしょにいたいの。

負ける戦いはしない！

チヤホヤされたいほうだから、自分に反発する人にはついキツく当たりがち……。「性格が合わない＝敵」なんて思わずに、もっとのんびり考えて。勉強やスポーツでは、負けずギライ。ライバルがいると燃えるよ！ 努力家なので、つねに好成績をキープするはず。

恋愛力診断

恋の情熱度

80%

自分から告白するのはニガテ。相手から情熱をぶつけられることが多い女王様タイプ。

アプローチ力

言葉より態度でカレの心をキャッチ！

告白しなくても、「好き」の気持ちが態度に出るタイプ。わかりやすいから、カレにはちゃんと伝わって、成功率高め。ほめ言葉に弱いから、他の男のコにチヤホヤされると、ウワキするかも。

ミリョクUPのポイント

「敵か？ 味方か？」という考え方はナシで！

善か悪か、敵か味方か、と極端な２つに分けて考えがち。ちょっと話しにくいコのことを、すぐにニガテだと思うのはソンよ。じつは気が合うということもあるから、イロイロ話してみてね！

カノジョの中のかくれキャラ

Part 2 星雲うらないで大かいぼう

しし座はいつも堂々とマイペースだけど

わたしにまかせて！

…

じつは気が小さく心の中ではわりと人を気にしているところがあるよ

キョロキョロ

みんなホントはイヤって思ってないかな…？

注目はされたいけど浮いちゃうのが心配で……

♥ プチOMA ♥ カレと目が合ったら、スグにまばたきをすると注目されるよ。

しし座ボーイ

7/23～8/22生まれ

みとめられたい！

しし座ボーイは熱血リーダータイプ。イベントやクラブ活動では、みんなをグイグイとリードしたいほう。みんなもみとめる、めだちたがり屋で、「スゴイ！」とほめられるのが大好き。運動神経や成績もいいカレは「ヒーロー」として、いつも注目を集めたいみたい。

失敗はイヤだ！

ちょっとアセると他人を押しのけてでも活やくしようとするワガママな一面があるかも……。
そのうえ、カッコ悪いことがキライだから失敗するのはぜったいイヤ！ だから、受験や恋では人知れずコツコツと準備してるみたい。じつは努力家なんだね！

攻略のカギ

人にみとめられたいしし座ボーイは、ほめるのが一番！「スゴイ！」「さすが！」の言葉を大サービスしちゃおう。いろいろな場面で、カレに意見を聞くのも大事。きっとうれしくなるはず★

Part2 星座うらないで大かいぼう

カレは心からみんなの役に立ちたいと思っているんだと思うなぁ。積極的にアピールもしているよ。でもそのせいでおだてられて、ノセられて、めんどうな役目をおしつけられちゃうことも。

とっつきインタビュー！

ししざボーイ

> ハマっているものは何ですか❓

🎵 **ししざボーイ**
アニメやゲームは好きだよ❤ 本を読むのも写真をとるのも好き。親しいコ以外には言ってないけど、じつはシュミはいろいろあるんだ。

> 好きなタイプはどんなコ❓

🎵 **ししざボーイ**
何かの分野で一番になるコが気になる。めだつコがまぶしいよ😎
自分もいっしょにかがやきたいから、人気者なら、さらにOK😀

> ニガテなタイプはどんなコ❓

🎵 **ししざボーイ**
ウジウジしたコはニガテ😣 ハキハキしゃべらないコって、何がしたいのかわからないんだ💧 すぐ泣くコも好きじゃないかも😅

> 恋の作戦を教えてください❤

🎵 **ししざボーイ**
サプライズに命をかけます❗

友だちからの声

カレの中の かくれキャラ

ししの名のとおり、ライオンのような気高さを持っているカレ。でもそれは、仲間がいるからこそ、かがやくキャラ。ししざボーイは孤独に弱いから、みんなにかまってもらえないと、すねちゃう。そこがカレのウラ性格と言えそう。

  アニマルの絵がついたスイーツは、才能アップの効果アリ！

39

おとめ座ガール

8/23～9/22生まれ

ラッキーナンバー **5**

守護星 **水星**

ラッキーカラー **ベージュ**

万能の優等生！

守護星は知性をつかさどる水星。そんなおとめ座ガールは頭の回転が速く、計算に強いから算数が得意。さらに文章をかくのも好きな星座だから、国語もバッチリ！ オールマイティな能力を持っているよ。宿題や係の仕事をきちんとこなす責任感の強さも、優等生のあかし。

完ペキ主義でストレス

細やかな気くばりができるので、みんなに好かれるよ。ただ、相手の心の動きにビンカンな分、ストレスをためがち。デリケートなおとめ座ガールは「完ペキな友だち」を探し続けるけど、もっと単純に考えてみて。いっしょにいるだけで楽しい関係もいいものよ。

少女と少年の両面が

しっかり者のおとめ座ガールも心の中はロマンチック。幼いころの夢を持ち続ける人も多いはず。また、オシャレが好きで、メイクやヘアケアに興味しんしん。でも、少年のようにメカやパズルに強いという持ちょうも。部屋にはコスメとパソコンが並んでいるかも！？

40

恋愛力診断

恋の情熱度

40%

ロマンチスト。でも、なやみすぎたり、ひかえめすぎたりして情熱が伝わりにくいかも。

アプローチ力

ないしょの恋心はだれにも気づかれない!?

カレを好きな様子を少しも見せないから、親友にもわからないかも。告白は超ニガテ。ドキドキしているうちに、タイミングをのがしそう。直接会うより、電話で話すほうがうまくいくかも。

ミリョクUPのポイント

カンペキじゃなくていい！気楽に、気軽に！

きちんと完成してない状態にイライラしがちなおとめ座ガールだけど、そのデリケートさはなかなか理解されにくいもの。「ま、いいか」のおおらかさを持つと、もっと愛されて、ミリョクUP！

カノジョの中のかくれキャラ

Part 2 星座うらないで大かいぼう

優等生っぽくてかたいイメージのおとめ座

じつは情報集めがトクイでエッチな話も……

わりとイケナイことをこっそりモーソーしているようだ

プチOMA ♥ ゴカイされて困ったら、パジャマをウラ返しにしてねると◎。

おとめ座ボーイ

8/23〜9/22生まれ

誠実で手先が器用！

おとめ座ボーイはやさしい気くばりができる人。そんなにめだつほうじゃないけれど、誠実なのでみんなから信らいされているはず。また、手先が器用だから何かを作るのはかなりトクイなほう。文章をかくのも上手だから、いろいろなシュミを持っているかも！

コンピュータ頭脳！

勉強面では、じっくり考えてから正解を出す優等生。頭の中はコンピュータ並みかも！ただ、体力にはあまり自信がないみたい。それで体育よりも図工や英語、算数が好きな人が多いよ。そしてキレイ好きで、身だしなみはバッチリ！ただ、ちょっと神経質すぎるところもあるかも……。

攻略のカギ

おとめ座ボーイの前では、ルールや約束を守るまじめさが恋の武器だよ。ゆだんしないで！そして小さなやさしさに弱い面があるから、カレが困っていたらすぐにサポートしてあげて♥

42

とつげきインタビュー！

おとめ座ボーイ

ハマっているものは何ですか？

おとめ座ボーイ
ハマると、とことん研究したくなるんだ😊 とくにおもしろい本を読むと作家になりたいと思うから、自分で作品かいてみたり……。

好きなタイプはどんなコ？

おとめ座ボーイ
女のコ同士で話す声が気になるボクは、声フェチなのかも🎵 とくに高いトーンのキレイな声で話すコにドキドキするよ😃

ニガテなタイプはどんなコ？

おとめ座ボーイ
だらしないコにはガマンできないんだ😫 たとえば持ちものがゴチャゴチャして、きたないのはパス❗️ きちんとしてよ……。

恋の作戦を教えてください❤

おとめ座ボーイ
お姫様だと思って、何でもしてあげちゃう✿

Part 2 星座うらないで大かいぼう

カレはまじめ。クラスの中でもちゃんとルールを守って、守らないコにはきちんと注意するし、正義の味方って感じ。ただ、きびしいところがあって、説教するのがちょっとね……。

友だちからの声

カレの中のかくれキャラ

神経質でリクツっぽい一面を持つカレ。つい「どうして？」「何でそう思うの？」と相手を質問ぜめにしがち。自分がなっとくするまでとことんこだわるから、みんなに「めんどう……」という印象をあたえてしまうことも。

💗プチOMA💗　新しい服を着たら、友だちにさわってもらうとキズナが強まる。

てんびん座ガール

9/23～10/23生まれ

ラッキーナンバー 6

守護星 金星

ラッキーカラー サーモンピンク

オシャレセンス上級

美の星・金星が守護星のてんびん座は、12星座イチ「美的感覚」がバツグンの星座。流行にビンカンで、最新ファッションもチェック。また、てんびん座には「美男美女が多い」と言われるように、キレイ好き＆自分みがきもバッチリなので、モテるコも多いよ。

がんばるのはニガテ

勉強やスポーツでも、持ち前のバランス感覚を生かして、器用にこなすてんびん座ガール。でも「がんばりすぎる自分」をカッコ悪いと思っているから、「努力」という言葉があまり好きじゃないみたい。成績がアップしにくいのが欠点と言えそう。

友だち同士をつなぐよ!

人間関係では「社交的」「コミュニケーション上手」という長所がキラリ★ グループや年に関係なく、だれとでも仲よくできるのも特ちょう。社交センスを生かして、ケンカを仲直りさせたり、友だちに他の友だちをしょうかいしたりして、仲間を広げるのがトクイだよ!

44

恋愛力診断

恋の情熱度

30%

「だれかが何とかしてくれる」と、恋も人まかせ。うまくいかないとすぐあきらめちゃう。

アプローチ力

何もしなくてもなぜか注目されるモテガール♡

カンがよく、相手が興味を持つ話をふるのが上手だから、みんなに人気。男のコからの注目度も高いよ♪ ただ本命も友だちも、差別しないでつき合うから、カレが自信をなくすかも……。

ミリョクUPのポイント

「努力」をキラわずにがむしゃらになってみて！

てんびん座ガールは頭の回転が速いんだから、努力したらもっと成績をのばすこともできるはず。恋も勉強も、カッコ悪いなんて思わずに、一度、「なりふりかまわず」がんばってみて！

カノジョの中のかくれキャラ

Part 2 星座うらないで大かいぼう

ハデ好きで気前がいい てんびん座

「ケーキ食べにいこうよ！」

「いちごタルトふたつー」
「おのみものはどうなさいますか？」
「わたしは紅茶にする」

「あ あたし水でー」
意外なところでケチだったり

ミエやいきおいでおごったりしてあとでクヨクヨしたり

プチOMA テストで答えをド忘れしたら、手に＋をかいてのみこんで。

てんびん座ボーイ

9/23〜10/23生まれ

争うのはニガテ！

てんびん座ボーイは平和主義。どんな相手にでも同じように接し、相手の話を盛り上げるから人気も高いの。カレが、ケンカもほとんどしないのは、争う自分をカッコ悪いと思っているから。みんなの前ではよゆうのあるところを見せたい、おしゃれな男のコだよ。

やさしいモテ男！

てんびん座ボーイはキレイ好きでファッションセンスもバツグン。自分のことだけでなく、女のコのオシャレを「カワイイね」とほめるのも忘れないから、モテ度も高いはず。がさつな男のコたちの中で、1人だけスマートなイメージの、おとなっぽいミリョクがあるよ♡

攻略のカギ

ついはずかしくなってカレをからかったり、わざと困らせたりするのは逆効果だから、絶対禁止！ てんびん座ボーイはふり回されるのがニガテなの。つねに笑顔で、親切にしてあげてね。

とつげき インタビュー！

てんびん座ボーイ

ハマっているものは何ですか❓

てんびん座ボーイ
キレイなものを見るのが好きだよ。自分でイラストをかくのもトクイ。マンガにもチャレンジしようとひそかに考え中😊

好きなタイプはどんなコ❓

てんびん座ボーイ
おっとりとした上品なコが好みだよ✿ ファッションもハデでなく、シンプルが◎。持ちものにセンスを感じるとドキッとする😊

ニガテなタイプはどんなコ❓

てんびん座ボーイ
口うるさいオカンみたいなのはパス😣 ケンカごしで突っかかってくる、気の強いコとか、すぐ怒るコもコワイよ💧 平和が一番❗

恋の作戦を教えてください❤

てんびん座ボーイ
ちょっとしたプレゼントを用意するよ😆

Part 2 星座うらないで大かいぼう

カレはいつだって親切なんだ。困って相談すると、めんどうがらずにいっしょに考えてくれて、アドバイスもバッチリ。やさしいから女のコウケもいいのが、くやしいけどね！

友だちからの声

カレの中のかくれキャラ

ソフトで、だれにでもやさしいイメージのてんびん座ボーイ。じつは「きらわれたくない」という気持ちがとても強く、ムリしてでも相手に合わせていることも。ムリしているのがバレるとアセっちゃうみたい……。

❤ プチOMA ❤ イヤなうわさで困ったら、くつのウラに塩をふっておくとOK。

さそり座ガール

10/24～11/22生まれ

Scorpio Girl

ラッキーナンバー **8**

ラッキーカラー **ワインレッド**

守護星 **冥王星**

ミステリアスガール

さそり座ガールは、熱い情熱を秘めているの。ただ、そのパワーを外に出すことは少なくて、おしゃべりでもないよ。ミステリアスな雰囲気を持っているかも。ヒミツにしたいタイプだから、うれしいことも悲しいことも、あまり表情に出さないのも特ちょうね。

ねらって一発必中

じっくり1つのことに取り組むから、トクイな科目と他の科目との成績の差は大きいかも……。一度決めた目標はゼッタイ変えないし、一発でキメちゃうのがさそり座ガール。ねらったえもの（＝目標）は、まさに「さそり」のごとく一発必中でゲットするよ。

あいまいはキライ！

おだやかに見えるけど、じつは好きキライがはげしいほうだよ。あいまいにしておくのがイヤなので、好きなものはとことん守るけど、いったんキライだと思うと、なかなか気持ちを変えられないの。「気が強くてガンコ」と思われることも多いかも。

48

恋愛力診断

カノジョの中の かくれキャラ

Part 2 星座うらないで大かいぼう

恋の情熱度

90%

胸に秘めた思いは人一倍。ターゲットはあらゆる手をつくして落とすよ！

アプローチ力

注意深くカレの様子と自分の気持ちを確認

片思いや友だちでいる時間が長く、カレをてってい的に研究。そしてカレ好みの方法でアプローチ作戦を開始！両思いになると情熱的に変身するよ。すごくヤキモチやきになりそう。

ミリョクUPのポイント

親友や恋人には、もっと心を開いていこう！

友だちの数は多くないけれど、情にあつくて仲間を大事にするさそり座ガール。でも自分のことは話したがらないみたい。ヒミツ主義は相手を不安にさせるから、もっと自分のことも話してみてね。

さそり座はしんちょうな性格

本当の友だちって何だろう…

さそり座ちゃーん

え!?これをわたしに??

じつはすっごくプレゼントに弱い

モノをもらうとスグに相手を「いい人」と思いこんだりして

本当の心友だわ…!

♥プチOMA　お米3つぶにそれぞれ「ご」「め」「ん」とかくと、仲直りできる。

とつげきインタビュー!

Part 2 星座うらないで大かいぼう

カレはわりと無口で、何を考えているのかわからないところがあるよ。でもときどきするどい意見を言うから、頭の中はシャープなんだと思う。おとなっぽくてミステリアスだよ。

さそり座ボーイ

ハマっているものは何ですか？

> さそり座ボーイ
> シュミは深いよ。けっこうディープなコレクションがジマンなんだ。それは何かって❓ ……ヒミツ😉 好きなコにだけ教えるよ。

好きなタイプはどんなコ❓

> さそり座ボーイ
> がんばり屋のコが好き♥ あと、ボクの話をしっかり聞いてくれるコ。ヒミツのシュミの話をしたいから、信用できるコがいいんだ😊

ニガテなタイプはどんなコ❓

> さそり座ボーイ
> せっかちなコとはペースが合わないね。調子がよくて軽いコとも安心してつき合えない感じ😣 まじめじゃないコはイヤなんだ。

恋の作戦を教えてください♥

> さそり座ボーイ
> 命がけで情熱的にせまる❗

友だちからの声

カレの中のかくれキャラ

「ねばり強い」のがカレの強みだけど、ときどきやりすぎて「しつこい」と思うことが。ずっと前に言われた悪口を気にしていたり、同じ話をくり返したりすることがあるから、そういうときのカレはまわりを引かせるかも……。

♥ プチOMA ♥　ブドウの絵をまくらの下に入れてねると、おしゃべり上手に。

いて座ガール

11/23～12/21生まれ

守護星　木星

ラッキーナンバー　3

ラッキーカラー　ターコイズブルー

目標めがけて一直線

いて座の守護星は幸運をつかさどる木星。木星は「発展」を意味する星だから、いて座ガールにも、成功に向かって、ピューッと矢が飛ぶように、まっすぐ走り続ける力があるの。いつも高い目標を持って、それに全力でチャレンジする「がんばり屋」ナンバーワン！

成功率の高い努力家

好奇心おうせいで、創作活動やスポーツなど何にでも興味しんしん。チャレンジしたらバツグンの集中力で成功をゲットするいて座ガールは、オールラウンド・タイプと言えそう。クラスでもあなたの存在はキラリと光って、みんなから「デキる人」と注目されているはず。

ずばぬけた行動力！

人間関係では、男女関係なく仲よくできる人気者。学校行事などのイベントでは、ずばぬけた行動力と明るいキャラでみんなをグイグイ引っぱっていくよ。ただし、気まぐれなところがあるから、気分が乗らないと、テキトーな行動を取ってしまうところが玉にキズかも。

恋愛力診断

カノジョの中のかくれキャラ
Part 2 星座うらないで大かいぼう

恋の情熱度
50%

考える前につっ走るタイプ。でもダメとなると、サッサとあきらめちゃうクールな面も。

スケールが大きくダイタンないて座だけど

今日は信号に一度も引っかからなかった…♥
小さな幸せで満足してしまう一面がある

アプローチ力

思いこんだら命がけ！情熱アプローチ派★

すぐに遊びにさそったり、友だちに協力してもらったりと行動的！ 欠点はさめやすいところかも。追いかけているときはいいけど、ふり向いてくれないと、あっさり興味をなくしちゃう。

思い切った体験を求めているんだけど

「いて座ちゃんお買いもの？」

ミリョクUPのポイント

明るさ＆元気はイチバン！
相手の気持ちも知るとさらに◎

気軽にOKしたり、急にフキゲンになって相手を困らせたり……。自分でもわかってはいるんだけど、「ま、いいか★」とテヘペロ。でも、相手はそのたびにキズついているかもしれないの。気づいてあげて！

爆買いしちゃった！
感覚はしょみん的
「だ菓子…」

♥ プチOMA ♥　おでこを出すと、意見をハッキリ言う勇気がわいてくるよ。

いて座ボーイ

11/23〜12/21生まれ

★ 超ポジティブ！

いて座ボーイは、小さなことにはこだわらない、心の大きい人。アクシデントが起こっても、クヨクヨするどころか「こんなこともあるんだな〜」と持ち前の好奇心をハッキして、ついでに観察してしまおうとする、超ポジティブ人間。人の失敗だって笑って許せちゃうおおらかさが◎。

ピュアな永遠の少年！

グループや男女関係なくだれとでも仲よくできるカレ。いつも仲間と新しい遊びや冒険を探していて、「これ、おもしろそう！」とはしゃいでいる様子は、ちょっぴりコドモ〜。おとなになっても変わらないみたい。いくつになってもむじゃきな少年のままなのが、いて座ボーイの特ちょうだよ。

攻略のカギ

カレはめずらしいものやおもしろいものに弱いの。「楽しそう」と興味をひかれたら、スグに飛びつくよ。勇気を出して、「いっしょに遊びにいこう」とさそってみて。案外すぐにOKかも！

とつげきインタビュー！

Part 2 星座うらないで大かいぼう

いて座ボーイ

カレはとにかくパワフルだよ。ノリがいいから遊ぶと楽しい！ガリ勉タイプじゃないのに成績はいいんだよね。軽いヤツだけど、みんなに好かれているから助けてもらえるんだと思う。

友だちからの声

ハマっているものは何ですか？

いて座ボーイ
スポーツ観戦❗️ 好きなチームが勝つとめっちゃテンション上がるよ。自分も将来何かで活躍して大物になりたいって本気で思う😃

好きなタイプはどんなコ？

いて座ボーイ
勇気があって、何にでも一生けん命にがんばるコが大好きだよ😊 いっしょにいると元気がもらえるから🎵 頭のいいコも好き❤️

ニガテなタイプはどんなコ？

いて座ボーイ
グズグズするコ。あと、ハッキリ言葉にしないコもワケわかんない😠 ちゃんと言ってよって感じ💢 グチや悪口を言うコもパス😒

恋の作戦を教えてください❤️

いて座ボーイ
真っ正面から真剣にぶつかるのみ❗️

カレの中のかくれキャラ

いて座ボーイの発言はいつもよゆうがある感じ。でもじつは、いいかげんなところがあるから「こだわらない」というか「どうでもいい」と考えていることも。相手の話をちゃんと聞いてないことがあるから注意して。

 プチOMA ♥ かかととかかとを打ちならしてからクジを引くとラッキーに。

やぎ座ガール

12/22～1/19生まれ

ラッキーカラー **ブラウン**

ラッキーナンバー **8**

守護星 **土星**

12星座一の努力家

やぎ座ガールはガマン強く、自分にきびしい努力家タイプ。コツコツ1つのことに集中するのが大好きで、勉強やクラブ活動でじわじわ実力をつけていく！ クラスではそれほどめだたなくても、だれかが困ると、たのもしさをハッキして みんなから尊敬されるの。

信らいされる相談役

ハデなアピールをしないから、友だちの数は少なめ。でもキズナはとても深く、卒業しても一生の友だちに。はじめは人見知りだけど、時間をかけて信頼を育てていくので、かたい友情を築けるの。グループ内では、ヒミツを守るタイプで「相談役」としてたよられているよ。

ひそかに野心まんまん!?

おとなしい印象のやぎ座ガールだけど、自分が信じているものをおし通そうとするガンコな面も。じつは、みんなに「みとめられたい」「ほめられたい」という気持ちが強く、ひそかな野心家タイプ。そのため、イザというときには、おどろくほどのパワーで大活やく！

恋愛力診断

恋の情熱度

20%

情熱的な恋にあこがれているよ。でもテレやプライドから自分をおさえてしまうみたい。

アプローチ力

まじめに考えてからシンケンにつき合うよ

「断られたらどうしよう」と考えているうちにタイミングをのがしがち。でも勇気をふりしぼってシンケンに告白するよ。そんなまじめさが信らいされて、両思いになると長く続くタイプだよ。

ミリョクUPのポイント

ときには「自分にやさしく」してあげようね！

やぎ座ガールのがんばる様子は、まるで「努力マニア」って感じなの。ステキなことだけど、すきがないから近寄りがたく見えちゃう。少し自分をあまやかしてあげたほうが、みんな安心して、ミリョクUP！

カノジョの中のかくれキャラ

Part 2 星座うらないで大かいぼう

けっこうクールで現実的なやぎ座

「好きなタイプ？」

「うーん とくにないけど 好きになった人がタイプ、かな？」

だけどハートは超ロマンチスト

「運命とかも信じてないよ〜」

「白馬に乗った王子様」をマジで待っているらしい

「えー？」

♥ プチOMA ♥　上ばきのかかとに指で☆を7回かくと、友だちとうまくいくよ。

やぎ座ボーイ

12/22〜1/19生まれ

たよりがいがある！

やぎ座ボーイは、シンの強いしっかりタイプ。何ごともきちんと仕上げるのが好きで、勉強やクラブ活動を計画どおりにこなしていくよ。クラスの中では「委員長」みたいな存在で、みんなに尊敬されているかも。けっこう度胸もあるから、トラブルにも動じないよ！

シブいミリョク！

カレは仲間とのつき合いは大切にするけど、基本的には1人でシュミに熱中するのが大好き。だから、1人で行動することも多いはず。「人と同じでないと心配」なんて少しも考えず、わが道を行く強さを持っているのがやぎ座ボーイ。ちょっぴりシブくて、おとなっぽいね♥

攻略のカギ

たよれるからって、何でもおしつけちゃうのはよくないけれど、あなたが困ったときに意見を聞くのはOK。そのあと、カレからのアドバイスをきちんと守ると、すごくうれしいみたい！

とつげきインタビュー！

Part 2 星座うらないで大かいぼう

やぎ座ボーイ

カレはだれから見ても優等生タイプでしょ。まじめでかたい性格だよ。その分信用できるし、たよられているから、先生のウケもいいんだよ。まあ、ちょっとガンコだけどね。

ハマっているものは何ですか？

やぎ座ボーイ
今はカード集めかな。ゲームも大好き❗ めずらしいものがあると、どうしてもゲットしたくなるんだ。ハンパがキライだからさ。

好きなタイプはどんなコ？

やぎ座ボーイ
女のコにたよられると守ってあげたくなるから、あまえんぼうなコが好き❤ 世話を焼くのって、ちょっと楽しいんだよね〜😄

ニガテなタイプはどんなコ？

やぎ座ボーイ
ウルサイコや早口でマシンガントークするコからは、サッサとにげ出したくなるよ😫 勝手に決めつけてくるコにもカチンとくる💢

恋の作戦を教えてください❤

やぎ座ボーイ
ゼッタイ❗ かわいがる😚❤

友だちからの声

カレの中のかくれキャラ

カレはひそかに負けずギライ。自分の意見にはかなりの自信があるみたい。だれかに意見を反対されると、とたんにリクツで相手をせめて、何がなんでも、自分の意見を通そうとする、強引なところが出てくるよ。

 ❤プチOMA❤ 右足で地面に大きく丸をかいて、左足で消すと自信がつくよ。

みずがめ座ガール

1/20〜2/18生まれ

ラッキーナンバー **4**

ラッキーカラー **グリーン**

守護星 **天王星**

未来に目を向ける

みずがめ座は自分や環境をどんどん変えていこうと思う、前向きな星座。なやみをウジウジ引きずるようなこともほとんどなさそう。新しい情報やファッションを取り入れるのも早いから、ゲームやケータイなどの新情報やウラ技なんかにくわしいコが多いよ。

クールでムダがない！

つねによく考えて、くわしく調べる努力家だよ。頭がよく、言葉と行動にムダがないから、相手にクールな印象をあたえることもよくあるはず。勉強もきちんと計画を立ててからこなすので、少ない勉強時間でも、いい成績をキープできるよ。まわりから見ると「天才」かも！

私は私、他人は他人

グループにしばられたくないみずがめ座ガールは、1人で行動することも多いはず。「私は私」と言える強さがあるからヘーキなの！小さいことは気にしないサッパリした性格なので、ケンカも少ないはず。でも自分の意見をゼッタイ通そうとするガンコさには、気をつけてね。

60

恋愛力診断

恋の情熱度

「おたがいソクバクしない」が恋のルール。スマート&クールなつき合いが好き。

20%

アプローチ力

いいな♥と思うと、サラッとクールにアプローチ

好きになると、自分にカレがいても、カレにカノジョがいても、告白しちゃうタイプ。ベタベタしたつき合いはニガテで、男友だちもいっぱい。自分の気持ちに正直な、恋多き自由人★

ミリョクUPのポイント

先にリクツを並べるより相手の話をよく聞いて

先のことまで考えられる、頭のいいみずがめ座ガールはつい上から目線で……。たとえ正しくても、リクツを並べる前に、相手の話をじっくり聞いて。聞いてから→話す、がミリョクUPのコツ！

カノジョの中の かくれキャラ

Part 2 星座うらないで大かいぼう

みずがめ座は個性的で変わったことが好き

盛り上がっていこー!!

…さて その前に

あいさつ ごま ほうこく きっちり

でも根がマジメなので意外にキッチリ

!!

言うことはユニークなんだけど中身は案外優等生タイプだったりして

大声を出すとめいわくでしょ！

♥ プチOMA ♥ ピンクのリボンにハートを小さくかいて髪に結ぶとラブ運♪。

Part 2 星座うらないで大かいぼう

カレは気まぐれな自由人。
でもけっこう仲間思いなんだよ！
友だちが困っていたらゼッタイ助けてくれるからね。
ただ、ちょっと人と感覚がズレてると
思うこともあるけどね。

友だちからの声

とつげきインタビュー！

＜ みずがめ座ボーイ 目 ∨

ハマっているものは何ですか❓

> みずがめ座ボーイ
> 音楽かな🎵 楽器を覚えたい。でもちょっと不思議なものにも引かれるんだ。SF小説やアニメ、マンガなんかも好き❤

好きなタイプはどんなコ❓

> みずがめ座ボーイ
> いろんなものに興味があって、話がおもしろいコなら最高だね❤ 女のコと話すのは好きだから、いっぱいしゃべってほしい😆

ニガテなタイプはどんなコ❓

> みずがめ座ボーイ
> 素直じゃないコとらんぼうなコ。とくに素直にあやまらないコはイヤだな😌 口ゲンカになると意地をはるコってイヤになっちゃう💧

恋の作戦を教えてください❤

> みずがめ座ボーイ
> まずはシュミ仲間としてじわじわと仲よく……😎

＋ ☺ [　　　　　　] 📞

カレの中のかくれキャラ

カレはふだんから人よりよく考えているのがジマン。相手の意見のほうがスゴイと思うと、くやしくて言い負かそうとするかも。エスカレートすると、「何言ってるのかわかんない！」と無視したりして、困った面もあるみたい。

❤ **プチOMA** ❤ 自分を変えたいときは、シュワシュワ炭酸系ドリンクをのんで。

63

うお座ガール

2/19〜3/20生まれ

守護星：海王星
ラッキーナンバー：7
ラッキーカラー：ブルーグレー

みんなの妹キャラ！

うお座はインスピレーションの星座。だから、うお座ガールはどこか夢見がちでふんわりしたイメージがあるかも。そしてむじゃきで気まぐれ。ワガママに見えることもあるけれど、基本的にはかわいいタイプ。みんなに愛されるトクなキャラと言えそう。

なやみ相談はおまかせ

うお座ガールは、困っている人を見つけるとほうっておけない、やさしいコ。ピュアな気持ちや、おだやかな言葉づかいは、相手をいやす効果があるみたい。だから、友だちからなやみを相談されることも多いよ。ただ自分自身もさびしがり屋なので、ホントはあまえたいの。

センスのよさがキラリ★

うお座ガールのセンスはバツグン！流行にもビンカンで、オシャレなコスメやファッションが大好き。話題のスイーツにも興味しんしん！アイドルやタレントのうわさ話も大好物♪音楽や絵の才能もあるから、みんなの人気者になるのはまちがいナシ！

恋愛力診断

カノジョの中のかくれキャラ Part2
星座うらないで大かいぼう

恋の情熱度

70%

カレのためならとことんつくし、相手に合わせる「のめりこみ」タイプ!?

みんなと仲よしの明るいうお座だけど

ルールにガチガチなきびしいコや「ちゃんとして!!」

アプローチ力

アプローチするよりされるほうかも!?

男のコのちょっとした言葉や行動ですぐに胸キュン♥しちゃう、ホレっぽいタイプだよ。好きじゃない男のコでも、情熱的に告白されたら、やさしい性格だから断れないみたい。

ノリが合わないコには「遊んでばっかじゃん!」

ミリョクUPのポイント

イザというときには、しっかり自己主張を!

やさしいうお座ガールだけど、みんなの意見に流されるところがあるみたい。イザというときの決断は、人まかせにしないこと。どっちつかずな態度だと、みんなを困らせちゃうから注意してね。

興味をなくしてとたんに冷たくなることも……「あれ?」

♥プチOMA ライバルの名前をかいたニンジンを調理して食べると、勝てる。

とつげきインタビュー！

Part 2 星座うらないで大かいぼう

カレはやさしいよ。困った問題があるとあれこれ解決策を出してくれる。しかも頭がいい！気さくなイメージだけど、けっこう難しいことをくわしく知ってるのでビックリするよ。

友だちからの声

うお座ボーイ

♓ ハマっているものは何ですか❓

うお座ボーイ
♓ マンガやアニメ、映画、本……。けっこういろいろ手を出すかな。じつは、感動的な話に弱いとこがあるんデス……😐

好きなタイプはどんなコ❓

うお座ボーイ
♓ いやし系の女のコにひかれるよ。ほんわかしたおっとりタイプが好き❤ ボクを支えてくれる、やさしい女のコだといいなぁ😊

ニガテなタイプはどんなコ❓

うお座ボーイ
♓ キャーキャー大声でしゃべってるテンション高いコ😝 近くにいるとうるさいって思うよ💢 あとドンカンなコも困っちゃう。

恋の作戦を教えてください❤

うお座ボーイ
♓ 手紙かメールでそっとアプローチ✿

カレの中のかくれキャラ

思いやりにあふれているカレは、たのまれたらイヤと言えない性格。でも、それがいきすぎると言いたいことを言えない「弱気キャラ」に。さらに女のコからのアプローチを断りきれず、何人もとつき合っちゃうなんてことも⁉

💗 プチOMA 💗 カレのことを思いながらこめかみをおすと、イイ情報が入るよ。

おひつじ座

第1デーク 3/21〜3/31生まれ

スピード ひつじ

「短距離ランナー」のような性質が強く出るから、集中して短時間で結果が出る仕事を選ぶと、実力をハッキ。1つの目標を達成したら、すかさず次の新しい目標を立てるのも大切！

政治家、アスリート、ダンサー

Part 2 星座うらないで大かいぼう

第2デーク 4/1〜4/10生まれ

カリスマ ひつじ

みんなをトリコにするカリスマ性があるよ。人にどう思われるかあまり気にしない自由さがまぶしい★ また幼いころに好きだったシュミや遊びが、そのまま職業になりやすいタイプ。

タレント、小説家、社長

第3デーク 4/11〜4/19生まれ

冒険 ひつじ

新しい世界を切り開くのがトクイ。遠い外国で活やくする可能性も高いよ。早くから外国語を勉強したり、留学したりすると◎。人とのキズナを大切にすると成功するはず！

発明家、起業家、先生

♥ プチOMA ♥ ブルーのノートにレモンの香りをつけると、勉強のやる気が♪。

69

おうし座

第1デーク 4/20〜4/30生まれ

するどい おうし

美的感覚がするどく、一流センスの持ち主。華やかな職業に向いているよ！ 努力が必要なものほど才能をハッキ。少しでも早く目標を決めて、持ち前のねばり強さで進もう！

才能を生かす仕事 デザイナー、料理研究家、ミュージシャン

第2デーク 5/1〜5/10生まれ

しっかり おうし

まじめなだけでなく頭がいいよ。高い目標をかかげて将来は人から信らいされるお仕事に。地道な情報収集と人づき合いが大きな武器！ あと、美しい文章をかく才能もあるよ★

才能を生かす仕事 ジャーナリスト、先生、弁護士

第3デーク 5/11〜5/20生まれ

コツコツ おうし

1つのことに集中して取り組むから細かい作業がトクイ！ 観察力がするどいので「本物」を見る目も確か。伝統や歴史を守り伝える人だよ。やりがいのある仕事を選ぼう！

才能を生かす仕事 プログラマー、鑑定士、工芸作家

ふたご座

第1デーク　5/21〜5/31生まれ

クールふたご

生まれつき文章をかく才能や、外国語を覚える能力が高いよ！　頭の回転も速く、状況を見てすばやく動けるタイプ。だから、大勢の人を動かす仕事でも大かつやく★

才能を生かす仕事　小説家、通訳、プランナー

Part 2　星座うらないで大かいぼう

第2デーク　6/1〜6/10生まれ

気配りふたご

頭がよくてサービス精神おうせい。流行にビンカンでオシャレセンスも高いので、人が求めるものをあたえられる人。自信を持って、あきらめずに好きなことにチャレンジして！

才能を生かす仕事　アナウンサー、編集者、サロンオーナー

第3デーク　6/11〜6/21生まれ

アーティストふたご

するどいセンスと創造力の持ち主。みんなとちがう目を持っているみたい！　ゼロから新しいものを生みだすことができるはず。みんながまだ知らないことを教えてあげられるよ！

才能を生かす仕事　アーティスト、ルポライター、商品開発

♥プチOMA♥　席がえのとき「パンダ」と3回となえると、好きな人のとなりに。

かに座

第1デーク 6/22～6/30生まれ

愛され♡かに

だれからも愛されるのでタレントが◎。それと、おいしいもの、かわいいものが大好きだから、好みを生かしてフード系の仕事もOK。かに座の母性愛を生かすなら保育士もおすすめ！

才能を生かす仕事 タレント、パティシエ、保育士

第2デーク 7/1～7/10生まれ

サービス♡かに

すぐれた表現力で、新しいものを生みだす小説家は◎。運動がトクイならインストラクターも。経営センスとサービス精神を生かしてホテルマンも。将来は自分の会社を作る人もいるかも!?

才能を生かす仕事 インストラクター、小説家、ホテルマン

第3デーク 7/11～7/22生まれ

ボランティア♡かに

ボランティア精神の持ち主。「人の役に立ちたい」という誠実な思いは、きっと将来を豊かにするはず。個性や芸術的センスをハッキする仕事がトクイ。自分に自信を持つことが大事！

才能を生かす仕事 看護師、イラストレーター、ミュージシャン

しし座

第1デーク 7/23～7/31生まれ

華やかライオン

強い意志と根性で、カリスマ的な実業家に。仲間を守るために全力をつくすから、みんなに愛され、成功をつかむよ！ 運動神経もいいし、教えるのも上手だからスポーツ関係や先生も♪

才能を生かす仕事 実業家、アスリート、先生

Part2 星座うらないで大かいぼう

第2デーク 8/1～8/11生まれ

インテリライオン

知性豊かな正義漢！ 弱い立場の人を助ける弁護士に。観察力にすぐれているので、正しい情報を伝える仕事もピッタリ。今からいろいろな知識を身につけて、自分の意見を伝えようね。

才能を生かす仕事 弁護士、新聞記者、アナウンサー

第3デーク 8/12～8/22生まれ

情熱ライオン

情熱的で表現力もあるから、女優やタレントになれるかも。負けずギライを生かして「一番」をめざそう！ 海外にも縁があるよ。今から外国語の勉強をがんばるといいかも★

才能を生かす仕事 女優、通訳、旅行添乗員

 プチOMA ♥ おでこに指で△をかくと、イライラやドキドキがおさまるよ。

おとめ座

第1デーク　8/23〜9/1生まれ

頭脳派 おとめ

頭がよくてクール。さらに気配り上手だから秘書にも向いてるよ。清潔感あふれるミリョクはアナウンサーにピッタリ。すぐれた頭脳を生かして、コンピュータ関連の仕事でも活やく！

才能を生かす仕事：秘書、アナウンサー、プログラマー

第2デーク　9/2〜9/11生まれ

正義のおとめ

冷静な観察力と意見の持ち主。どんなに高いハードルの仕事でも、努力家だから、きっと成功させるはず！ 大きな愛を胸に秘めて、ひたすらにまっすぐ進む、正義の仕事がピッタリ！

才能を生かす仕事：評論家、弁護士、看護師

第3デーク　9/12〜9/22生まれ

アイデア おとめ

新しい発見で有名になるかも★ 頭の中でパズルを組み立てるようにものを考える、研究者や小説家に。お金に縁があるのも特ちょうなので、銀行や経理などお金をあつかう仕事も◎。

才能を生かす仕事：研究者、小説家、経理

てんびん座

第1デーク 9/23〜10/2生まれ

美意識 てんびん

コミュニケーションが上手で、センスもある華やかなタイプ。美意識を生かして芸能界で活やくすることも♪ 一流品と縁が深く、いいものを見ぬく才能もあるからプランナーや広報も。

才能を生かす仕事 モデル、プランナー、広報

第2デーク 10/3〜10/12生まれ

調和の てんびん

バランス感覚のよさを生かして、公正さが必要な法律関係の仕事が◎。持ち前のセンスと豊かな発想を生かすなら、アートや美の世界へ！ 時代にビンカンなのでお店経営も成功しそう♡

才能を生かす仕事 法律家、デザイナー、ショップオーナー

第3デーク 10/13〜10/23生まれ

社交的 てんびん

美的センスに知性が加わっているよ。探究心があるのでマスコミの仕事が◎。コミュニケーション力を生かせば、営業や接客もOK。一生を通じて多くの協力者にめぐまれるよ！

才能を生かす仕事 ジャーナリスト、営業、カフェオーナー

Part 2 星座うらないで大かいぼう

 プチOMA　探しものは、じょうぎを冷蔵庫の上に乗せて探すと、思い出す。

さそり座

第1デーク 10/24〜11/2生まれ

体力さそり

行動力と体力にめぐまれたタフなタイプ。精力的に動き回る仕事で活やくしそう。体力勝負には強いよ！また「秘密」と縁があり、口がかたいので、政治家や警察官、探てい業も◎。

才能を生かす仕事 アスリート、警察官、政治家

第2デーク 11/3〜11/12生まれ

霊感さそり

インスピレーションが強く、なやんでいる人に的確なアドバイスができる貴重な存在。するどい感性の持ち主だよ！何かを生みだすセンスもあるので、クリエイティブな仕事も。

才能を生かす仕事 うらない師、イラストレーター、看護師

第3デーク 11/13〜11/22生まれ

サポートさそり

はげしいエネルギーとデリケートな感性を持つ、不思議なミリョクの持ち主。人の気持ちにビンカンだから、心をサポートする仕事が◎。相手のリクエストに応えて、大きな信用を得るよ。

才能を生かす仕事 カウンセラー、広報、シェフ

いて座

第1デーク 11/23〜12/2生まれ

おおらか☆いて

おおらかでめんどう見のいい性格。どんな相手にもていねいにアドバイスするよ。発想も豊かで、困っている人にベストな解決法を示すはず。明るいキャラはタレントもピッタリ。

コンサルタント、タレント、通訳

Part 2 星座うらないで大かいぼう

第2デーク 12/3〜12/12生まれ

パワフル☆いて

トラブルが起きてもファイトで乗り切り、経営者として会社を仕切るのも夢じゃないよ。みんなをまとめる力はバツグン★ 自分をコントロールする強さもあるから、アスリートも◎。

才能を生かす仕事　経営者、プロデューサー、アスリート

第3デーク 12/13〜12/21生まれ

好奇心☆いて

会話や行動で人をひきつけるミリョクあり☆ 今までにない新しい形を作りだすかも。好奇心やひらめきを大事に！ 曲がったことがキライだから、弱い立場の人を守る仕事も◎。

研究者、弁護士、デザイナー

♥プチOMA　紙にカエルの絵をかいて、おさいふに入れると、お金が戻るよ。

やぎ座

第1デーク 12/22〜12/31生まれ

誠実なやぎ

相手のために何をしたらいいかをじっくり考える人。口がたいので信用もバツグン。多くの人からたよられるはず！誠実で根気もあるから、人に教える仕事も向いているよ。

才能を生かす仕事：秘書、先生、公務員

第2デーク 1/1〜1/10生まれ

ねばり強いやぎ

ねばり強く、深い愛情と光るセンスを持つ人。大切な技を伝えていく仕事はピッタリ。責任感が強いので、医療の世界も◎。人をまとめる力もあるから、会社の経営もできるはず。

才能を生かす仕事：工芸作家、パティシエ、経営者

第3デーク 1/11〜1/19生まれ

計画するやぎ

計算能力が高く、ミスやあいまいな判断を見のがさないよ。細かい部分まできっちり仕上げる仕事では、信らい度バツグン！まじめさと、するどい金銭感覚も、将来の大きな武器に。

才能を生かす仕事：会計士、デザイナー、プログラマー

みずがめ座

第1デーク　1/20〜1/29生まれ

遊ぶみずがめ

ひらめきがするどく、遊びの天才。新しいものを生みだす力にめぐまれているよ。自由な発想でおもしろいものを作るはず！　飛行機と縁があるので、航空関係の仕事をめざすのも◎。

才能を生かす仕事　商品開発、プランナー、フライトアテンダント

Part2 星座うらないで大かいぼう

第2デーク　1/30〜2/8生まれ

表現するみずがめ

想像力が豊かで、計算もトクイ。数字に強いのが特ちょうだよ。正確でスピーディーな仕事をするはず。自由な発想を生かすと、小説やマンガで人をひきつける作品を生むかも。

才能を生かす仕事　プログラマー、マンガ家、小説家

第3デーク　2/9〜2/18生まれ

生みだすみずがめ

個性的なアイデアを形にする才能にめぐまれているよ。芸術関係の仕事はピッタリ。美しいものにビンカンだから、夢のある名作を作りそう！　手先が器用なのも大きな特ちょう。

才能を生かす仕事　カメラマン、シェフ、ミュージシャン

　ねる前に起きたい時間を10回となえて、まくらをたたくと◎。

うお座

第1デーク 2/19〜2/28生まれ

直感のうお

直感や想像力にすぐれているよ。頭の中に広がる大きな夢や空想を、絵や文章にしてみよう♪ 神秘的なことも経験しそう。今から感性をみがくために、いろんな本を読んでね！

小説家、イラストレーター、うらない師

第2デーク 2/29〜3/9生まれ

やさしいうお

相手の心をつかむミリョクを持った人。将来は芸能界で人気者かも♡ 歌やダンスの才能があるのも特ちょう。やさしい心の持ち主で、困っている人を助けるお医者さんや看護師も！

タレント、看護師、医者

第3デーク 3/10〜3/20生まれ

観察するうお

観察力にすぐれているよ。心の動きにビンカンで、なやみに答えられる人。人をいたわり、いやす仕事で才能をハッキ☆ 人の心や身体をケアする仕事がピッタリ！

カウンセラー、エステティシャン、介護士

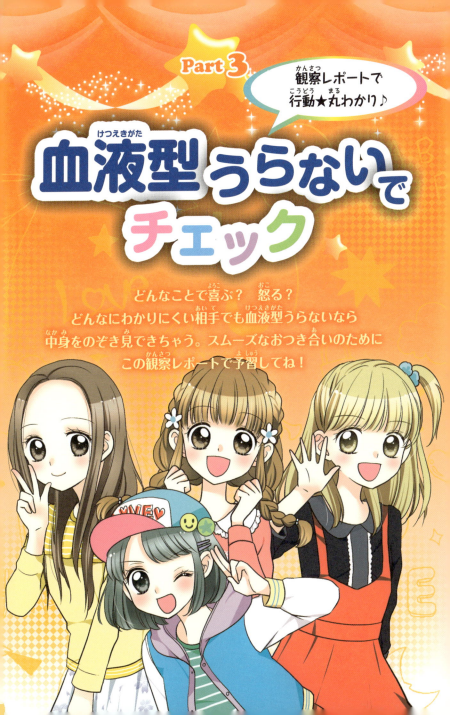

A型少女の観察レポート

バッグの中身
ティッシュ、アメ、バンソウコウ……まるで異次元ポケットかと思うくらい何でも入ってるはず。イザというときのことを考えて、準備してるよ！

ヘアスタイル
基本的には、モテるヘアをイシキするよ。とくにガーリーなスタイルが好き。ふんわりウェーブや、カワイイ編みこみがお気に入り。

ファッション
ガーリーが基本。フリルやレースがついたパステルカラーがよく似合うよ。ハデな色やがら、めだつデザインはちょっぴりニガテ。

スタイル
まわりに気を使うナイーブなA型はストレスがたまりやすく、ついお菓子を食べすぎちゃう。それが原因で太っちゃうことも……。

第一印象
どちらかというと表情の変化は少なめで、ポーカーフェイス。でもそれは、はずかしがり屋だから！はにかんだ笑顔がキュートだよ♥♥

82

どんなことで喜ぶ？

計画がうまくいくと、うれしい！

自分の考えたとおりにものごとが進むと、思わずホクホク。決めた目標を達成したときのマンゾク感も大きいよ！ そんなときは声も明るく大きくなるみたい。でも自分からうれしい理由をおしゃべりしたりはしないの。ひっそり喜びをかみしめてるはず。

Part 3 血液型うらないでチェック

顔に出さないから伝わりにくいけど、約束を破られるとかなり頭にきちゃう。とくに軽い調子でルールを無視したり、うやむやにしてあやまらなかったりするコは許せないよ。自分はちゃんと努力しているから、人のルーズな態度にはカチンと感じちゃう。

どんなことで怒る？

ルールが守られないと内心でムカッ！

どんなことが悲しい？

自分のせいでトラブルが起きたとき……

つねにまわりのことを気にかけて行動しているから、自分のせいで人にめいわくがかかったら、すごく落ちこんじゃうみたい。他のコなら気にしない小さなアクシデントでも、責任を感じてしまい、すっかり元気をなくしてオロオロするよ。

♥プチOMA♥ 金色のものをおさいふに入れておくと金運がアップするよ！

83

B型少女の観察レポート

ヘアスタイル

クルクルとよく動き回るせいか、お手入れのかんたんなシンプルヘアが好きみたい。毛先を軽く遊ばせたヘアは、よく似合うよ。

第一印象

何でも知りたいと思う好奇心から、何か見つけると生き生きと瞳をかがやかせる様子がカワイイ！ 気持ちが顔に表れる素直さが◎。

ファッション

あまりにガーリーなのははずかしくなるみたい。カジュアル＆ポップが好き。Tシャツにショーパンというカッコカワイイのが一番。

バッグの中身

整理がニガテなので、本人も何が入っているのかわからない!? 底のほうにはお菓子の残りやナゾの切れはし……。ブラックホールだったりして!?

スタイル

うらやましがられるくらい、足が長くてスタイルのいいコが、なぜか多いよ。スレンダーで小顔のモデル体型のコも多いみたい。

Part 3 血液型うらないでチェック

どんなことで喜ぶ？

自分好みのものに出会うと舞い上がる

すごくセンスがいいから、ステキな人やものとめぐりあうとテンションがグッと上がるみたい♪ カワイイ雑貨をゲットしたり、好きなアーティストが同じコを見つけたりすると、うれしくなって大はしゃぎしちゃうタイプ。

仲間はずれが一番キライ！だから、自分が知らない話を他のコがしていると、かなり気になるみたい。そんなに気にしていないように見えるけど、頭の中では「どうして私だけ知らないの〜!?」ってモヤモヤしているかも。

どんなことが悲しい？

自分がはずされたと思うと、キーッ!!

どんなことで怒る？

お気に入りがなくなるとどんより……

どんなものもこだわって選んでいるから、それがなくなったり、こわれたりすると、ズーンと落ちこんじゃう↘。平気な顔をしているけど、心の中では大泣きだよ。でも次に興味を持つ対象が見つかると、すぐに忘れちゃうみたい。

プチOMA ♥ 「カブラムケジケルブラ」は、ミリョクアップのじゅもんだよ。

O型女子の観察レポート

ヘアスタイル
イチバン新しいものをキャッチするよ。他のコとちょっぴり「差がつく」のが好き。さわやかなサラサラヘアに大きめのヘアアクセで、めだっちゃうよ★

第一印象
素直で正直だから、気持ちをかくしておけずバレバレ。そんなところが「ウラオモテがないコ」という印象になり、好感度はバツグン！

バッグの中身
シュミのアイテムははずせない！気に入っている音楽や本、マンガ、ゲームは持ち歩きたいタイプ。メイク道具もいっぱい入ってるかも！?

スタイル
背が高くても低くても、バランスのいいナイスボディ！将来はきれいな歩き方がチャームポイントになる可能性が高いよ。注目されるタイプ！

ファッション
ピピッときたアイテムはすぐ取り入れる、オシャレ上級生。自分で工夫してステキに見せるのがトクイ！セクシーなファッションも◎。

Part 3 血液型うらないでチェック

どんなことで喜ぶ？

人の役に立ちたいと思っているから、たよられたり、相談されたりするとワクワクしちゃう。さらに、やってあげたことで感しゃされると、頭の中で大きくガッツポーズ！ドヤ顔でジマンしたくなるのを止められな〜い！

感しゃされると生きがいを感じちゃう♡

面と向かって欠点を言われると、頭に血がのぼっちゃうよ。清く、正しく、美しく生きていこうとがんばっているのに、ジャマされたみたいで気分悪い！とくにみんなの前で悪口を言われるのは、カッコ悪いから許せなくなるの。

どんなことで怒る？

悪口には思わずカッとしてケンカ！

どんなことが悲しい？

仲のいいコとはなれるのはイヤ……

さびしがり屋だから、大好きな友だちとはなればなれになるのがたえられない！クラスがえや席がえ、引越しなどではなれると、心が折れることもしばしば。キズナをずっと信じていたいから、連らくがとだえると悲しくなっちゃう……。

♥プチOMA♥ ウサギのキャラアイテムは、告白をサポートしてくれるよ♡　　87

AB型少女の観察レポート

第一印象
だれもが思わずサポートしてあげたくなる、ピュアであたたかい性格。友だち思いの熱いところもあるし、親切でやさしい印象のコ。

ヘアスタイル
清潔感をアピールするのが正解。ほのかにリンスの香りがただようような、ツヤサラヘアがミリョク的♥ お姉さんぽいロングが似合いそう。

バッグの中身
必要なものしか持ち歩かない、シンプル派。めがねのクロスやエコバッグなど、便利なものを選びぬいて入れてるよ。バッグのケアもバッチリ！

ファッション
ふわりと風になびくロングスカートに、明るい色のトップス…みたいな、エレガントなお嬢様ファッションがよく似合うし、ステキ♡

スタイル
どちらかというと骨太タイプだけど、手足が細いコが多く、案外着やせして見えるはず。どんな服でも着こなせる、トクな体型と言えそう。

Part 3 血液型うらないでチェック

どんなことで喜ぶ？

ほめられるとついニマニマしちゃう

「さすが！」なんてほめられたり、感心されたりするのがうれしいAB型！ クールに受け流しているけど、本当はおどりだしたいくらい、うれしさでいっぱいなの♪ つい笑顔になっちゃうから、よ〜く見ているコにはわかるはず！

自分のことは自分で何とかする、プライドが高いAB型は、よけいな世話を焼かれたり、勝手に同情されたりすると、きげんを悪くするよ。「ほうっておいて！」と冷たくきょぜつモードに。おせっかいは、ありがためいわくなの！

どんなことで怒る？

プライドをシゲキされると、プイッ！

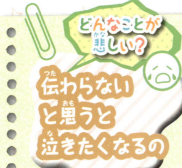
どんなことが悲しい？

伝わらないと思うと泣きたくなるの

どんなに一生けん命に話しても通じないとわかると、がっかりして落ちこんじゃう。話を聞いてもらえないのが何より悲しいよ。それでも何とか伝えようとするけど、どうしても無理となったら、キッパリあきらめちゃうみたい。

♥プチOMA　赤い色のヘアピンをつけると男のコと仲よくおしゃべりできる。　89

目げき情報 6 ダジャレがスベッた！どうする？

血液型でチェック！

Part 3 血液型うらないでチェック

おもしろランキング

失恋してもすぐ次の好きな人が見つかるのは？

B型は、だれよりも切りかえが早いのが強み。どんなに好きでもダメとわかったら、あっさりあきらめて、次の恋に向かっていくよ。O型は、しつこくねばりながらも同時に新しい相手も探す、ちゃっかりタイプ。A型は、おくびょうになってしばらく引きこもりモード。失恋をきっかけに理想が高くなって、男のコを寄せつけないのがAB型。

カーッとしやすく、怒りっぽいのは？

O型は頭に血がのぼりやすいタイプ。とくにストレスがたまっているときなどは要注意ね。B型もすぐカッとなるけど、言いたいことを言ってしまえば、あとはスッキリサッパリ。逆にA型は、めったなことでは怒らないけど、一度怒るとタイヘンで、ずーっと覚えていそう。AB型は争いごとがニガテだから、ガマンするタイプ。

男友だちを いっぱい作れそうなのは？

気さくなのでモテるA型。まるで女のコ同士みたいにつき合えるから、ラブ抜きで盛り上がれそう。AB型も、気が向いたときに話し相手になってもらうキョリ感で、友だち関係をキープ。B型はシュミがキーワード。夢中になれるものが同じ相手ならバッチリ。O型は、男のコとの友情は無理！ 恋心を無理に封じこめてパニックに！

国境をこえて、外国人と 自由な恋をしそうなのは？

AB型は自分にないものを求めるタイプ。ちがいを楽しむから、外国人や年のはなれたカレともどんどん仲よくなれるはず。B型も、1つでも共通点があれば恋に落ちる自由人。O型は、ちがう世界にはあこがれているけど、相手からアプローチされなきゃ近づかないかも。A型は、身近な人でないと安心できなさそうなのでパス。

Part 3 血液型うらないでチェック

プチOMA　大きな木にだきついて願いごとをとなえると不安が消えるよ。

✧スターに なりたいのは？

O型

みんなに自分のことを知ってもらいたいと思っているから、声をかけられると気分がイイ！

♡モテるのは？

AB型

だれにでもニコニコ接する、キュートな小悪魔という感じ。Hなことにも興味しんしん♥

ドジなのは？

B型

好きなこと以外は目に入らないから、他のことはどうでもよくなって、忘れちゃうみたい。

はずかしがり屋なのは？

A型

パーフェクトでいたいから、しんちょうにしてるんだけど、その様子がシャイに見えがち。

一番、ダ〜しだ!?

めだっているのは？

B型

ふつうにしているつもりだけど個性的。自分で気づかない、みんなとのちがいが注目されがち。

何かとこだわりがあるのは？

A型

自分なりのかっこよさを追求しているよ。一度決めたルールを守るのもリッパなこだわり。

泣きむしなのは？

O型

悲しいときはもちろんだけど、感動してもくやしくても、ナミダが出ちゃうタイプ。

☆ちゃっかりしてるのは？

AB型

けっこう調子がいいかも。みんなと協力するときも、さりげなくラクなほうを選びがち……。

あなたの中にねむる……★ プリンセスタイプは?

What is your Princess type?

うらない方

1 あなたの星座は次のどのグループに入っている?

- Ⓐ おひつじ座・かに座・てんびん座・やぎ座
- Ⓑ おうし座・しし座・さそり座・みずがめ座
- Ⓒ ふたご座・おとめ座・いて座・うお座

2 あなたの誕生月はどのグループに入っている?

奇数月生まれ　1月・3月・5月・7月・9月・11月

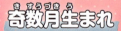
偶数月生まれ　2月・4月・6月・8月・10月・12月

次の表で、①と②が交わったところを見てね。
それがあなたのプリンセスタイプだよ。

Part 4 プリンセス★恋うらない

① \ ②	奇数月生まれ	偶数月生まれ
A	人魚姫	ラプンツェル
B	かぐや姫	ねむり姫
C	シンデレラ	白雪姫

プチOMA　金運を上げたいときは、夕食後にミルク味のスイーツを食べて。

人魚姫
Little Mermaid

困難に負けない
情熱のプリンセス

海でおぼれた王子様を助けた人魚姫。王子様に恋をした人魚姫は、自分の声と引きかえに魔女に人間にしてもらいました。ところが王子様にはすでに恋人の王女様がいて……。愛を得られなかった人魚姫に、魔女は王子様を殺せば人魚に戻してやると言います。愛する人にナイフを向けることなどできない人魚姫。みずから海に身を投げたのでした。

あなたの恋タイプ

王子様が他の女性と結婚することを知っても、カレへの思いは変わらず、海に消える運命を選んだ人魚姫。あなたは好きなカレができてもダレにも告げず、ひっそりと恋心を育てるタイプ。思いは本物なのに、気づかれないかも……。

Part 4 プリンセス★恋うらない

> やさしい性格なのね。カレにめいわくかも、なんて気を使っちゃうみたい。でも思っているだけじゃ恋は始まらないわ。勇気を出して！

> カレのことをアレコレ想像しているだけで、わかった気になるのはキケンだよ。本物のカレとイメージのカレはちがうから！

VS

白魔女おすすめ 恋アイテム

おしゃべりヘアピン

女のコのヘアには魔力があるの。ブルーのピンで×印を作るように留めましょう。このマークはじつはキスを表すの。あなたにとって、ふだん言えない気持ちが素直に言える、お守りになってくれるわよ。

プチOMA　はちみつを少し入れたミネラルウォーターでキレイな声に♪

ラプンツェル

自分の世界を持つ
個性派プリンセス

生まれてすぐに魔女に連れ去られ、入り口も階段もない高い塔のてっぺんでの生活をさせられていたラプンツェル。生まれてから一度も切ったことがない美しい髪は、身長よりも長いものでした。ある日、彼女の歌声にひかれた王子様が登場。王子様のアイデアでラプンツェルは長い髪をはしごに編み、脱出に成功し、新しい世界に飛び出したのでした。

あなたの恋タイプ

自分以外の人のことを知らない生活に、突然王子様が現れて、ラプンツェルはビックリ！もっといろいろな世界を知りたいと思ったかも。あなたもカレひとすじというより、つねに新しいシゲキを求めるタイプみたい。

Part 4 プリンセス★恋うらない

ピュアで、ほうっておけない感じ♥ むじゃきなお願いで男のコをドキドキさせそう。本命のカレ以外にはあまえないほうが◎

モテるわりには本命をのがしてしまうのさ。キズつくのがこわくてにげているからなんじゃないかな？勇気を持ちたまえ！

VS

白魔女おすすめ恋アイテム

引き寄せの鈴

鈴の音は、心を素直にさせてくれるラッキーアイテム。バッグやキーにつけてみて。そのとき、鈴には好きな人の名前や願いごとをかいた、赤いリボンをつけておくのがベスト。鈴が願いを引き寄せてくれるわ。

♥プチOMA♥ 髪に指でおとめ座マーク（♍）をかくと、サラサラヘアに！

105

かぐや姫
Kaguyahime

宿命を受け入れる決断のプリンセス

竹取りの夫婦が、光る竹の中から見つけたお姫様。姫はあっという間に、国中から花むこ候補がおしよせるほど美しく成長します。ところがだれのプロポーズも断るばかり。ついに帝もかぐや姫との結婚を望みますが、これも断り、姫はなぜか月を見ては泣くのでした。そしてある満月の夜、月からむかえが来て、かぐや姫は月に帰ってしまったのでした。

あなたの恋タイプ

どんな愛を差し出されても心を開かず、定められた宿命に従う道を選んだかぐや姫。あなたの心の中にも恋より自分の生き方を大事にする気持ちがあるみたい。ナゾの多い、ミステリアスなミリョクでカレをとりこにするタイプ。

Part 4 プリンセス★恋うらない

> 男のコは興味しんしんで注目しているわ♥ 本命でない男のコにゴカイされないように、イエス・ノーをハッキリさせましょうね！

> キミのこと、男のコは気になるみたいね。クールな態度だと、逆に追いかけられてしまうから、無視はしないほうがいいね★

白魔女おすすめ恋アイテム

心を守る竹細工

竹はまっすぐのびることから、いちずな思いを表すアイテム。竹の力を借りて素直な気持ちを出せるようになりましょ。竹のおはし、竹とんぼ、竹ひごのカゴなど竹素材なら何でもOK！ 日常で使い続けると効果的。

♥プチOMA♥ 夜、月にウインクすると、キラキラ目になれる魔法がかかるよ。

ねむり姫
Sleeping Beauty

おっとりした
感覚派プリンセス

愛を一身に受けて生まれた幸せな王女様。国中が姫の誕生を祝いました。ところが、お祝いに招かれなかった魔女ののろいで15才の誕生日に、糸車の針にさされて、長いねむりにつくことに。城にいるすべての人も姫と運命をともにします。100年目、城をおおいかくすイバラをかき分けて訪れた王子様のキスで目覚め、姫も城もよみがえったのでした。

あなたの恋タイプ

100年も王子様の登場を待っていた姫のように、恋をしてもアプローチしないあなた。でも思いは強く、自分からはなかなか動けないだけで、「好き！」という気持ちは顔や態度に出ているはず。だれかの助けがあれば、勇気が出るタイプ。

Part 4 プリンセス★恋うらない

あなたの恋はあたたかく見守られているわ。サポートしてくれる友だちはすぐ近くにいるはず★ 思い切って話してみてね。

キミはけっこうヤキモチ焼き。両思いになったとたん、ひとりじめしたくて心配ばかり。カレの気持ちを信じるべきさ！

VS

白魔女おすすめ 恋 アイテム

おやすみブレス

勇気の出ないあなたは、できるだけ多くの色を使ったブレスレットがラッキーチャーム。願いごとをかいた紙といっしょに、枕の下にしいてねむってね。ねむるたびに、思いはカレにとどきやすくなるわ。

プチOMA パジャマの左手のソデを折り返してねると、夢でカレに会える♥

シンデレラ
Cinderella

世わたり上手な
前向きプリンセス

イジワルなまま母や姉たちからイジメられていても、けなげにつくすシンデレラ。ある日やさしい魔法使いのおかげで舞踏会で王子様と出会います。でも魔法が解けることをおそれたシンデレラは、会場からにげ出してしまいます。そのとき落としたガラスのくつを手がかりに、王子様はシンデレラを探し出し、ついに幸せな結婚をしたのでした。

あなたの恋タイプ

シンデレラはガラスのくつというヒントを残して、結果的にはちゃっかり自分を探させた恋の達人。あなたも好きなカレには無意識のうちに、気持ちをアピールできそう。「いいな♡」と思った人とは、あっさりと両思いになれるタイプかも。

Part 4 プリンセス★恋うらない

力強い味方を作っておくことが一番！ 恋の最初からその人に相談して、つねによきアドバイザーになってもらいましょう。

好きなカレの前で無意識にかわいくふるまうキミ。まわりの女のコからのシットの視線には気をつけておいたほうがいいよ。

VS

白魔女おすすめ恋アイテム

月光のくつ

お気に入りのくつを満月の夜に10分間、月光に当てておけば、そのくつが、あなたをステキな場所に連れていってくれる、魔法のくつに☆ つねにきれいに洗ったり、みがいたりして、大事にあつかうと効果的よ。

♥プチOMA♥ くつに香りをつけると、ラッキーな場所に連れていってくれる。

白雪姫 Snow White

発想が自由な楽天家プリンセス

美しさをねたまれ、まま母から命をねらわれて森に追いやられた白雪姫。そこで出会った7人の小人に助けられたものの、まま母に再び命をねらわれることに。おばあさんに化けたまま母からもらった毒リンゴを、うっかり食べて死んでしまう白雪姫。森中が悲しみに包まれているとき、白馬に乗った王子様が現れ、心をこめたキスでよみがえったのでした。

あなたの恋タイプ

殺せと命じられた家来から助けられ、森では小人たちに守られることになった白雪姫のように、あなたは、恋の味方を見つけるのが上手。たとえ困難な恋でも、みんなの助けと作戦で、着々と両思いに近づいていけるタイプよ。

Part 4 プリンセス★恋うらない

> みんなをハッピーにさせるのは、明るい笑顔よ。だから、いつも笑顔を心がけていてね。そうすれば味方が現れるわ♥

> 恋をすると熱くなるキミは、冷めるのも早いタイプ。せっかく協力してくれるみんなをふり回さないように、しんちょうに。

VS

白魔女おすすめ恋アイテム

真実の鏡

あなたにとって鏡は、心を映すラッキーアイテム。迷いや願いごとがあったら、鏡の中に素直な気持ちを話して。その鏡は、ハンカチに包んで持ち歩くの。あなたの心の目が、なやみの解決方法や、本当の愛を見つけるわ。

🍀プチOMA　小さな鏡に赤いリボンをつけて持つと、人見知りがなくなる。

113

プリンセスタイプで見る 行動パターン

スタートを切る！

人魚姫 & ラプンツェル

あれこれ計画を立てて必要な人や作戦を用意し、ほしいものを手に入れる、積極性のあるグループ。勢いに乗って動くプリンセスタイプだよ！

目標をなしとげる！

かぐや姫 & ねむり姫

ガマン強く、一度決めたことは曲げない、決してあきらめないグループ。ものごとをしんちょうに観察する、クールなプリンセスタイプ！

道を変えていく！

シンデレラ & 白雪姫

どんなこともうまくできちゃう、器用なグループ。まわりの人や環境に合わせて行動するのがトクイな、変化を求めるプリンセスタイプ！

月命星と本命星

12才くらいまでのジュニアの性格は「月命星」で、中学生以上の性格は「本命星」でうらなうの。先生、お父さん、お母さんなど年上の人をこっそりうらなうなら「本命星」で見てみよう★

1 本命星 を調べる ＜ おとなはこっち！

表1 で、9つ並んだ星の名前の下に、自分が生まれた年があるはず。それがあなたの「本命星」。中学生以上のあなたを表すよ。まわりの年上の人もこれでチェック！ ただし、1月1日～2月3日に生まれた人は九星占いでは前の年生まれになるので注意！

例1 ／ 2006年6月5日生まれの場合
➡ 三碧木星

例2 ／ 2006年1月15日生まれの場合
➡ 四緑木星
※1月1日～2月3日に生まれたので、前の年の2005年生まれとして調べるよ。

2 月命星 を調べる ＞ ジュニアはこっち！

表2 で、自分の本命星のところと誕生日のところを見て、交わったところが「月命星」。12才くらいまでのジュニアを表しているのはコレ！

例1 ／ 2007年8月2日生まれの場合
➡ 本命星は「二黒土星」。月命星は「六白金星」。

例2 ／ 2008年9月10日生まれの場合
➡ 本命星は「一白水星」。月命星も「一白水星」
※ 成長しても大きな特ちょうは変わらないタイプ。

Part 5 月命星・本命星うらない

表1

一白水星	二黒土星	三碧木星	四緑木星	五黄土星	六白金星	七赤金星	八白土星	九紫火星
1954	1953	1952	1951	1950	1949	1948	1947	1946
1963	1962	1961	1960	1959	1958	1957	1956	1955
1972	1971	1970	1969	1968	1967	1966	1965	1964
1981	1980	1979	1978	1977	1976	1975	1974	1973
1990	1989	1988	1987	1986	1985	1984	1983	1982
1999	1998	1997	1996	1995	1994	1993	1992	1991
2008	2007	2006	2005	2004	2003	2002	2001	2000
2017	2016	2015	2014	2013	2012	2011	2010	2009
2026	2025	2024	2023	2022	2021	2020	2019	2018

表2

本命星 / 誕生日	一白水星	四緑木星	七赤金星	二黒土星	五黄土星	八白土星	三碧木星	六白金星	九紫火星
1/6〜2/3			六白金星		九紫火星			三碧木星	
2/4〜3/5			八白土星		二黒土星			五黄土星	
3/6〜4/4			七赤金星		一白水星			四緑木星	
4/5〜5/5			六白金星		九紫火星			三碧木星	
5/6〜6/5			五黄土星		八白土星			二黒土星	
6/6〜7/6			四緑木星		七赤金星			一白水星	
7/7〜8/7			三碧木星		六白金星			九紫火星	
8/8〜9/7			二黒土星		五黄土星			八白土星	
9/8〜10/7			一白水星		四緑木星			七赤金星	
10/8〜11/6			九紫火星		三碧木星			六白金星	
11/7〜12/6			八白土星		二黒土星			五黄土星	
12/7〜1/5			七赤金星		一白水星			四緑木星	

 「リシュエ」と3回となえて勉強すると、実力ハッキできるよ。

~12才くらいまでの ジュニアのうらない

ジュニアにぴったりの月命星うらない。
あなたの月命星のところを読んで！

月命星別にハッピー＆ラッキーのヒントもあるよ！

ラッキーアニマル

あなたの個性を守ってくれるアニマルモチーフだよ★　持ちものに取り入れれば、イザというときに運をつかんできてくれるよ♪

ラッキーフード

あなたが弱ったとき、元気をチャージしてくれる、食べものやのみものをしょうかい。実力をハッキしたいときにも活用してね。

月命星が 一白水星

シンが強い ガマンのコ

口数少なく、めだつほうではないけれど、頭のよさと人の心を読む能力をハッキして、どんな環境にもうまく溶けこんでいけるジュニア期。シンが強く、ガマン強いので、しっかりした落ち着きのあるコという印象だよ。

ココが心配…

不安や怒りをガマンしてしまうので、ストレスに。夢中になれるシュミを見つけて！

ラッキーアニマル

サカナ
キツネ
カエル

ラッキーフード

のり
魚料理
ミルク
キャンディ

二黒土星

月命星が

Part 5 月命星・本命星うらない

シャイで おとなしいコ

はずかしがり屋で前に出るのがニガテな、おとなしいジュニア期。なるべく人の後ろにいたいと思うみたい。行動はのんびりペースなので、人におくれてソンすることも。でも人のことまで助けようとする、がんばり屋だよ。

ココが心配…
気が弱くてノーと言えないあなた。断るときに、ちゃんと理由を言えば気まずくならないよ。

ラッキーアニマル
ヒツジ
サル
ネコ

ラッキーフード
モチ
あんこ
かまぼこ
だがし

三碧木星

月命星が

ピュンピュンと 飛び回るコ

大勢でさわぐのが大好きな、やんちゃなジュニア期。好奇心いっぱいで、友だちをさそっては何か新しい計画を立てるのが楽しいコ。ただし、ガマンがニガテで、自分の思いどおりにならないと、フキゲンになっちゃう面も。

ココが心配…
はりきりすぎてダウンしちゃう。体力が落ちるとケガをするので、たっぷりねることが大事！

ラッキーアニマル
小鳥
ムシ
ドラゴン

ラッキーフード
レモン
うめぼし
緑茶
海そう

♥プチOMA♥ 植物にさわると、リフレッシュ効果でやり直しができるよ。

119

月命星が 四緑木星

友だちにたよりにされるコ

友だち思いでやさしく、いつもみんなの輪の中にいる人気者のジュニア期。リーダーになろうとはしないけれど、友だち同士を仲よくさせるのがうまいから、信用されているよ。ケンカしているコを見ると、悲しくなっちゃう。

ココが心配…

人に気を使いすぎて、つかれちゃうことが。1人になる時間を作って好きなことをしよう。

ラッキーアニマル

キリン
チョウ
ハチ

ラッキーフード

そば&うどん
パスタ
長ネギ

月命星が 五黄土星

先頭に立ってがんばるコ

興味を持ったら他のことを忘れるくらい夢中になる、熱血ジュニア期。自分がやりたいことはゼッタイにつらぬき通す、強い心を持っているよ。そんな熱さがリーダーにピッタリ！強いだけでなく、友だちを気使うやさしさも。

ココが心配…

体力があるのでついやりすぎ、がんばりすぎに。無理をしないように、人にもたよってみて。

ラッキーアニマル

ライオン
トラ
オオカミ

ラッキーフード

チーズ
ヨーグルト
なっとう

月命星が

六白金星

Part 5 月命星・本命星うらない

正義感が強く勇気のあるコ

中途ハンパがイヤで、自分にきびしい努力家のジュニア期。正義感が強く、まちがったことはキライ！　いじめを見ると頭にきて、何とかできないかと考えて、なやんじゃう。自分のことより、他人のことを心配しているコ。

ココが心配…
たとえ不調を感じても、気にしないで動き回るから、いきなりダウン。もっと自分をいたわって！

ラッキーアニマル
ゾウ
ウマ
イヌ

ラッキーフード
すし
フルーツ
アイスクリーム

月命星が

七赤金星

早くおとなになりたいコ

おしゃべり大好き♥　おいしいもの大好き♥　いつも口を動かしているジュニア期。だれにでもかわいがられるけど、じつはおとなっぽく見られたいみたい。心の中に大きな夢があって、早く実現させたいと願っているよ。

ココが心配…
食べるのが大好きだから、つい食べすぎちゃう！　こまめに歯をみがくと、食欲セーブに◎。

ラッキーアニマル
ヒョウ
ハクチョウ
赤トンボ

ラッキーフード
チキン
卵
カレー
紅茶

▼ プチOMA ♥ カレを見かけたら、後ろ姿に♀マークをかくマネをするとラブ↑

月命星が 八白土星

自分ルールで行動するコ

気に入らないことはゼッタイにやりたくない、自己主張の強いジュニア期。そのかわり好きなことはとことん追求するよ。好きキライがハッキリしていて、他のコとはちょっとちがったものに興味を持つのが特ちょう。

ココが心配…

つかれをためこみやすいタイプ。ねる前にストレッチをしたり、おフロでゆったりしたりして。

ラッキーアニマル
- シマウマ
- ワシ
- シカ

ラッキーフード
- 牛肉
- おだんご
- イクラ
- やまいも

月命星が 九紫火星

才能あふれる芸術家のコ

感性がするどく、頭がよく、才能にあふれたジュニア期。絵や文章、音楽などを得意とするタイプ。本気になれば勉強でもトップに立つ能力があるのに、めんどうだと思うと根気が続かず、あきらめちゃうのが玉にキズ。

ココが心配…

舞い上がったり、落ちこんだりと気分の上下がはげしいの。あまり考えすぎないようにね。

ラッキーアニマル
- 貝
- キンギョ
- カメレオン

ラッキーフード
- カニ
- エビ
- 赤飯
- ひじき

月命星別 ラッキースポット

Part 5 月命星・本命星うらない

心が求めているパワースポットがわかるよ。
その場所に行くと、足りなくなったエネルギーをもらえるはず。

一白水星
- 川
- 海
- 湖
- 滝
- 温泉
- おフロ
- 水族館
- 噴水

二黒土星
- 平原
- 田園
- 公園
- 下町
- 物置
- 倉庫
- 博物館

三碧木星
- 森林
- 発電所
- ライブ会場
- 講堂
- 放送局
- 市場

四緑木星
- 草原
- 花畑
- 飛行場
- 港
- 駅
- 郵便局
- 玄関

五黄土星
- 原野
- 廃きょ
- 空き家
- 教会
- アンティークショップ

六白金星
- 神社
- 寺
- ホテル
- デパート
- 宝石店
- 役所

七赤金星
- 沼
- どうくつ
- 飲食店
- カフェ
- アクセサリーショップ

八白土星
- 山
- 丘
- 高台
- 高層ビル
- 塔
- 階段
- 展望台

九紫火星
- 図書館
- 劇場
- 映画館
- スタジオ
- 城
- 祭り

♥ プチOMA ♥ カワイイ絵はがきのウラに名前をかくと、そのコと仲よしに。

123

中学生以上の おとなのうらない

本命星が

一白水星

どんなときもソフト！

「水」の性質を持つ人。水はどこまでも流れていき、冷えればかたまって氷に、熱すれば水蒸気になって空気に溶けるよ。そのときどきで、自由に姿を変えるのが特ちょう。どんな状況にも対応できる、やわらかさを持つ人。

本命星が

二黒土星

愛とやさしさに満ちている！

「土」の性質を持つ人。植物を育て、すべての生きものを支える大地のように、どんな相手でもあたたかく包む、豊かな愛を持っているよ。あわてないで、着実にものごとを育てていくので、だれもが安心できる人だよ。

本命星が

三碧木星

勢いがよく、さわやか！

「木」の性質を持つ人。出たばかりの新芽のように、ぐんぐん成長し続けるエネルギーを持っているよ。そのため、いつまでも若く、感覚がフレッシュ。いつも前だけを見て軽やかに走りぬける、すがすがしい人。

あなたが中学生以上になったときや、
まわりの年上の人をうらなうときに使ってね！

Part 5 月命星・本命星うらない

本命星が **四緑木星**

知的で、いやす力がある！

「木」の性質を持つ人。枝を大きく広げるりっぱな木のように、広い知識があり、人の心をなごませ、いやす力を持っているよ。好きキライがあっても顔に出さないから、決して人をイヤな気持ちにさせないの。

本命星が **五黄土星**

圧倒的な存在感がある！

「土」の性質を持つ人。「土」の中でも、もっともパワーのあるタイプで、細かいことを気にしないおおらかさと、親切心を持つタイプ。ナミダもろいところがある反面、リーダーになれるカリスマ的な人。

本命星が **六白金星**

高い理想で自分をみがく！

「金」の性質を持つ人。地中にねむる原石や鉱物のように、何ものにもキズつけられないかたさと強さを持っているの。高い目標をかかげて、つねに上をめざそうとする向上心があり、努力をおこたらないよ。

♥プチOMA　赤と青のおりづるの羽をのりづけすると、ラブ運がアップ！

125

人を楽しくさせる明るさ！

「金」の性質を持つ人。土から掘り出され、キラキラにカットされた宝石みたいに、華やかさがあり、つねにまわりに人が集まるにぎやかなタイプ。おしゃべりがトクイで人を楽しませるのが上手な、天性の明るさを持つよ。

努力で財産を築き上げる！

「土」の性質を持つ人。中でも、土が高く積み重なった「山」を表すよ。動かない山のように強い意志を持っていて、どんな困難も乗りこえる、すごい努力家。そうして財産をしっかり築いていく、たのもしさがあるよ！

知恵と情熱の炎を燃やす！

「火」の性質を持つ人。火は人の知恵を表すから、頭がよく、先を見通す目があるよ。さらに、まわりを明るく照らす炎のような人。暗くなるのをきらい、つねに堂々と正直にふるまう、プライドの高い人だよ。

Part 6

関係の「強い」「弱い」が全部わかる！

ナンバー相性うらない

誕生日の数字には、じつは運命の不思議がギュッとかくされているんだよ。むかしの人が星を見てうらなったのと同じく、古代ギリシャ人は「数」から人の個性を探っていたんだって！

誕生日にかくされた数字の秘密

誕生日を使ってうらなうのは、星座だけではないの。そもそも誕生日は「数字」でできているよね。数字はその人の性格や生き方を表す暗号でもあるの。数字を使ったうらないは古代ギリシャ時代からあり、「数秘術」と言うよ。数秘術を使って、誕生日にかくされた数字から、あなたの「道」を探ってみよう！

生きる道＝ライフ・パス・ナンバー

その人のシンボルとなる数字を「ライフ・パス・ナンバー」と呼ぶの。ライフ・パスとは「生きる道」という意味。つまり、これからあなたが生きていく人生を示している数字ということ。あなたに起こることや、持って生まれた才能を表しているよ！

ライフ・パス・ナンバーの調べ方

Part 6 ナンバー相性うらない

① 生年月日を西暦で表し、全部の数字をバラバラにしてね。次にそれらを全部足していこう。

例1　2007年4月29日生まれの場合
→ 2+0+0+7+4+2+9=**24**

例2　2009年8月28日生まれの場合
→ 2+0+0+9+8+2+8=**29**

② 合計が2けたになったら、さらに数字をバラバラにして足していってね。1けたになった数字がライフ・パス・ナンバーだよ！

例1　合計が24の場合
→ 2+4=**6**
※1けたなのでそのままでOK。

例2　合計が29の場合
→ 2+9=**11**
→ 1+1=**2**

1けたになるまで、数字をバラバラにして足していこう。♡

♥プチOMA♥　オレンジ色を身につけると、ポジティブな女のコになれるよ★

ライフ・パス・ナンバー 1 のあなた

みんなの先頭に立つ！

リーダーになる運命。たとえあなたが今おくびょうだったとしても、いずれ「リーダー的な役割」をするための才能があたえられているみたい。いつか先頭に立って進んでいくときが来るということね。

パワーUPのヒケツ

心にわき起こる「あれをしたい」「これもしたい！」を、思い切ってやってみること。最初の一歩をふみ出すときに生まれるエネルギーが勇気となり、自信にあふれたあなたに変わるよ！

人と人を結びつける！

人と人とを仲よくさせる才能があたえられているよ。一生けん命にみんなをサポートするあなたは、まわりから信らいされていくよ。いずれ、たのもしいパートナーが現れ、強力なコンビを組むはず！

ライフ・パス・ナンバー 2 のあなた

パワーUPのヒケツ

だれかが困っているときが才能ハッキのチャンス。あなたは冷静に観察し、一番いい方法で、すくいの手を差しのべる人だから。手間をおしまないという長所をのばしていこう！

ライフ・パス・ナンバー **3** のあなた

みんなに希望をあたえる！

楽しい思いつきで、みんなに明るい希望をあたえる人。あなたの言葉は、いずれ人を動かすことになるはず。あなたといっしょにいると勇気がわいてくる人や、アイデアがひらめく人が多いから！

パワーUPのヒケツ

結果をあれこれ考えるより、自分が楽しいと思うことを、どんどん人に伝えていこう。思ったままのことを口にしていくうちに、多くの人にシゲキをあたえ、世界を変えていくよ！

Part 6 ナンバー相性うらない

ものごとを成功させる！

あなたは信らいを築く人。だれよりも深く考え、ものごとを実現させていく大きな力を持っているよ。無理だと思われることでもあきらめず、ねばり強く成功させていく強さで、人を引きつけていくはず。

ライフ・パス・ナンバー **4** のあなた

パワーUPのヒケツ

あいまいなカンにたよらず、よく考えてから行動するのが大切。人の意見にふり回されず、自分の頭で答えを出して。用心深く行動することで、あなたは大きな成功をつかめる人。

♥プチOMA♥　チークブラシで毎朝ほほを♥になぞると、好かれ顔になれる。

ライフ・パス・ナンバー 5 のあなた

新しい変化を起こす!

ルールにしばられない自由さと、おそれずにチャレンジする勇気で、変化に満ちた人生を歩いていく人。多くの人と知り合い、さまざまなものを変えていくあなたは、みんなをおどろかせ続ける人よ。

パワーUPのヒケツ

失敗をおそれずに、何でも体験してみる冒険心が世界を広げていくよ。思い立ったらソク行動しよう! 心がおもむくままに、何度でも挑戦して。どんどん変身していけるはず。

ライフ・パス・ナンバー 6 のあなた

みんなを安心させる!

あなたは人をみちびくための光をあたえられた人。人の役に立とうとするうちに、いつしか多くの人にたよられ、大きな愛でつながるよ。人を守り、安心をあたえるあなたは、聖母のようにしたわれるはず。

パワーUPのヒケツ

身近な人とだけつき合うのではなく、多くの人と接しよう。好きキライで人を分けないこと。たよられたら、がんばって応えてあげて。その人の成長が、あなた自身も進化させるから。

ライフ・パス・ナンバー 7 のあなた

人の役に立つ研究をする！

1つの道を追求し、研究する学者のような生き方があなたにピッタリ！ それは神秘的な道と言えるかも。何かの分野で専門家になり、それがいずれ社会の役に立っていくはずだから。

パワーUPのヒケツ
よく観察することと、くわしく調べることが、あなたの能力をアップさせるヒケツ。そうして頭をフル回転させているうちに、いつしか直感で正しい答えを選び取れるようになるよ！

Part 6 ナンバー相性うらない

たのもしいカリスマ！

あなたは大きな力を手に入れる強い運命を持っているよ。そのたのもしさに人がついてきて、いつの間にかトップに立っているはず。始めたことは絶対に成功させようと努力する姿がカリスマ的！

ライフ・パス・ナンバー 8 のあなた

パワーUPのヒケツ
人の2倍努力すること。人よりがんばるから手にする成功も大きいの。そして、人の長所を見つけて、ほめてあげるのも大事だよ。その人は、かならずあなたの味方になってくれるから。

♥ プチOMA ♥ シカの絵のアイテムを持っていると、キレイな足になれる♪

133

ライフ・パス・ナンバー 9 のあなた

ドラマチックに生きる！

あなたはドラマチックな道を歩んでいくみたい。いろんな人と出会い、さまざまな出来事を経験する運命だよ。自分のことより、困っている人のためにつくす、やさしさにあふれた人になっていくはず。

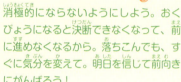

パワーUPのヒケツ

消極的にならないようにしよう。おくびょうになると決断できなくなって、前に進めなくなるから。落ちこんでも、すぐに気分を変えて。明日を信じて前向きにがんばろう！

2人のライフ・パス・ナンバーでみる宿命の相性★

数秘術では人間関係の宿命がわかるよ！

必要なのは、自分と相手のライフ・パス・ナンバー。
相手のライフ・パス・ナンバーは
129ページの「ライフ・パス・ナンバーの調べ方」で
調べてみてね。
友だち、カレ、家族、先生……、
あなたのまわりのすべての人との関係を
うらなってみよう★
いったいどんな宿命で結ばれているのかな……？
ドキドキするけど、
GO！

♥ プチOMA ♥　うずら卵に、ようじでカレの名前をかいて食べると両思いに♥

1のあなた

1のあなたと1の相手

意地をはり合う2人

どちらも主張したがるので、相手の意見がスゴイと思うと尊敬するけど、そうでもないと思ったら、おたがいにゆずらず、はり合うよ。2人とも相手の話を聞かない点が同じかも。

ついふり回してしまいそう

1のあなたと2の相手

いっしょにいても無理をしなくてすむ、リラックスできる関係。ただし、あなたが勝手な行動を取って、相手をふり回すことも。あなたが気配りすれば、もっとうまくいくよ！

1のあなたと3の相手

似た者同士で楽しく遊べる

考えることも、やることもよく似た2人。だから遊ぶときには息ピッタリ！ しかもあなたにとって、この相手は何かと助けてあげたくなる人なので、ケンカしても長引かないよ。

Part 6 ナンバー相性うらない

行動するあなた、止める相手

2人のタイミングは合いやすく、おたがいにわかり合える相性。ただし、飛び出していこうとするあなたを、しんちょうな相手が引き止める関係なので、ときどきイライラしそう。

1のあなたと4の相手

自由すぎる相手にやきもき

どちらもダイタンで行動的。でも相手はもっと自由に動きたいと思っているので、さすがのあなたも不安になるかも。ひとりじめできない相手なので、見守ってあげてね。

1のあなたと5の相手

おたがいに相手から学んで

意外とかみ合わない2人。でも相手は自分にないものを持っているので、助け合えばプラスに。たとえばあなたは、この相手からしっかりした落ち着きを学んでいけるはず！

1のあなたと6の相手

プチOMA ねる前に南の空に好きなコの名前をささやくと、翌日会える。

目標に向かって進む2人

目標に向かって進む前向きな2人。あなたにとってこの人の頭のよさはたのもしいはず。でも相手はしんちょうで迷いやすく、なかなか心を開かないかも。あなたから話しかけて！

どちらも上をめざす人

2人ともがんばり屋で、「もっともっと！」とステップアップしていくタイプ。協力し合えば最強タッグだけど、どちらも自分がリーダーになりたいので、ぶつかることも。

強く出るとキズつけそう

あなたが気づかないところも気づく、たよりになる相手だよ。ただし、キズつきやすいから、あなたが強引な押しつけをしないように気をつけて。いつも感しゃを忘れないことよ！

ライフ・パス・ナンバー 2 のあなた

Part 6 ナンバー相性うらない

たのもしい相手に安心

2人でいるとワクワクするあなた。ポジティブなので、たのもしさを感じる相手だよ。さびしがり屋のあなたは、相手のクールさが不満だけど、ソクバクするとにげられちゃうよ！

2のあなたと1の相手

いたわり合う2人

2のあなたと2の相手

どちらもあまえんぼうでさびしがり屋。いっしょにいるとおたがいに相手をかばうし、キズつかなくて楽なの。ただし、どちらも受け身なので、関係が発展するのはスローペース。

あこがれる相手！

あなたは、まぶしくかがやく相手といると、サイコーにハッピーな気分に。相手がつかれたときには、そっと寄りそってなぐさめてあげるよ。まるでアイドルとファンみたい！！

2のあなたと3の相手

プチOMA ♥ 5時15分1秒（恋来い）に時計を見ると、恋のチャンスが！

なかなかわかってくれない相手

気になる相手。あなたはもっと自分のことをわかってもらいたいと思うけど、相手は自分のことで頭がいっぱいみたい。怒ったりしないで、気長に待ってあげて。

ミリョクを感じ合う2人

いっしょにいると、どんどんおたがいのミリョクを発見し、テンションが上がるよ。ただし相手は気まぐれなので、あなたはふり回されることも……。期待しすぎないことがコツ。

助け合うキズナの2人

どちらも思いやりに満ちているので、一方が困っていたら、すかさず助けるはず。あたたかいキズナがあるよ。でも、親切がおせっかいになったらキケン。相手は引いちゃうから！

Part 6 ナンバー相性うらない

理解するのに時間が必要

どこかミステリアスな相手に、あなたはいつもエンリョがち。おたがいにけいかい心が強いので、歩み寄るのに時間がかかりそう。ただし、いったん心を開けばあとはスムーズに。

寄りかかれる大きな相手

あなたは素直で正直な相手を、心から好きになりそう。ただし、相手はプライドが高いので、そのガンコさに手こずることも。「いいね！」「すごいね！」とほめるのを忘れないで。

ひとりじめできない相手

相性はいいのに、なぜか手ごたえを感じにくい相手。それは、この相手がだれにでもやさしいから。ものたりなくても、ひとりじめしようとしないこと。おおらかに待ってあげて。

♥プチOMA♥　自分が生まれた年の五円玉を持つと、かたい友情のお守りに！

ノリよく楽しい遊び相手

盛り上げるのがうまいあなたと、ノリよくつき合ってくれる相手。この相手といるとのびのび♪ 好奇心がおうせいで興味がコロコロ変わる2人だけど、ペースが同じだからOK！

何でも許してくれそう

いごこちのいい相手と言えそう。それはこの相手が、あなたがやりたいことを全部おもしろがってくれるから。気分の変わりやすいあなたを、やさしく見守ってくれるところも◎。

他のつき合いが多い2人

似た者同士なのに、なぜかすれちがいがち。それは、おたがいに、いそがしいのが原因かも。どちらもつい他のつき合いを優先しちゃうタイプだから。相手との時間も大切にね。

Part 6 ナンバー相性うらない

走るあなた、歩く相手

いろんなことにチャレンジしたいあなたから見ると、この相手はスローペースかも。でもじつは学ぶところがいっぱい！ 見習ってゆっくり行動すると、失敗がへってトクするよ。

シゲキし合う関係

おたがいに新しいことにチャレンジするのが好き。この相手といっしょにいるとシゲキ的！ でも相手はしばられるのがキライなので、あまりベタベタしないほうがよさそう。

世話を焼き合う相性

困ったときにたよりになる相手。心から信用でき、助け合う相性と言えそう。ただあなたのほうは、ときどき相手を重く感じることも。他の友だちもいっしょに遊ぶといいかも。

プチOMA　友だちの髪にふれながら「伝えて」と念じると、本音がわかる。

143

ナゾが多そうな相手

この相手はあなたにとってミステリアス。「知りたい！」と思うけど、ガードはかたそう。考え方がちがうので、あなたのやり方を押しつけるのはNG。自由にさせてあげると◎。

ドライ派とウェット派

あなたはサバサバしたタイプだけど、相手は意外にロマンチストで、胸に情熱を秘めているタイプ。そのちがいを理解して、相手の夢を尊重してあげることが、うまくいくヒケツ。

気持ちが通じ合う関係

話が合い、気楽につき合えるよ。感覚がピッタリの関係と言えそう。それぞれが社交的で友だちも多いため、2人だけでいるというより、他の友だちも増やしていくと◎。

4 のあなた

どちらも積極行動タイプ

4のあなたと1の相手

どちらも行動力があるうえ、あなたに楽しいことを教えてくれる積極的な相手。でもシュミや考え方がちがうと感じることも。大勢を巻きこんで、グループで遊ぶと楽しい関係に。

やさしく包んでくれる人

4のあなたと2の相手

親切なので、信らいして心からリラックスできる相手。でも、相手はあなたの気まぐれに不安になることもありそう。相手にさびしい思いをさせないように、気配りしてあげて。

成長できる組み合わせ

4のあなたと3の相手

考え方やものの見方がちがうので、新せんなおどろきがいっぱい！ そんなシゲキが、おたがいを成長させるよ。相手はとてもしんちょうなので、アセらずにじっくりつき合って。

♥プチ❀OMA♥ 丸いものをプレゼントすると、ずーっと仲よしでいられるよ。

クールな顔とまじめな心

どちらもカンタンに本心を見せないクールなところがあるけど、まじめなタイプ。信用できる相手だよ。おたがいにはげまし合うと、前に進むパワーが生まれるよ！

現実的なあなたと夢見る相手

夢見がちな相手に対して、スーパークールなあなたがつっこみを入れたくなることも。でも細かくアドバイスすると、相手はめんどくさくなるみたい。考え方のちがいをみとめて。

のんびりペースの2人

ペースが合う2人。どちらものんびりタイプなので、関係はおだやかなはず。ただし、おたがいガンコなので、イザというときにゆずり合えないかも。相手の意見を聞いてあげて。

Part 6 ナンバー相性うらない

2人は知的向上委員会

共通点が多く、いっしょにいるとレベルアップする組み合わせ。仲よくなると相手のデリケートさにおどろくことも。キズつきやすいので、キツイ言い方はNGだよ。

夢の手助けをしたくなる

どちらもクール&ドライなので、ベタベタあまえるつき合いにはならないはず。この人の夢は大きく、それに向けてあきらめずに努力する姿に感動して、助けてあげたくなるよ。

広い目で多くを見る相手

この相手の前ではリラックスしていられるので、何でも話せそう。広い心の持ち主なので、なやみがあったら相談してみて。ものの見方や考え方をお手本にすると、不安が消えるはず。

♥プチOMA　イヤな話を早く終わらせたいときは、手で切るしぐさが効果的。

147

5のあなた

ダイナミックなコンビ

どちらもダイタンな行動を取る積極派。その点でいいコンビになれそう。ただ相手はさびしがり屋なところがあるので、じっくり1対1でつき合う時間を持つことが重要だよ。

ちゃっかりとしっかり

この人の顔を見ると、ホッとするのを感じるはず。カンのいい相手なので、話もリズミカルに進み、気持ちがいいかも。ついベンリにたよりがちだけど、ちゃんと感しゃを伝えてね。

軽いノリで楽しさ倍増

おたがいに重いのがニガテなので、軽いノリで楽しくつき合えそう。何が起きても、ポジティブに考えて乗りこえていけるはず！ 同じシュミがあると、サイコーに盛り上がる2人。

148

Part 6 ナンバー相性うらない

磁石のプラスとマイナス

まるで磁石のプラスとマイナス。反発したくなるけど、おたがいにひかれ合うのも確か。相手の言葉が胸にささったとしても悪気はないし、実際たよりになる相手だから許して。

5のあなたと4の相手
5 × 4

5のあなたと5の相手
5 × 5

自由を求める冒険家同士

あなたも相手も自由が大好きな冒険家タイプ。いつもくっついている関係ではないけれど、必要なときに助け合えるよ。相手が困っていたら、すぐに話を聞いてあげてね。

やんちゃな子どもと親のよう

好きに動きたいあなたを、あたたかく見守ってくれるのが、この相手。あなたはこの人の前ではやんちゃな子どもみたい。安心して無理ばかり言うと、相手に引かれちゃうかも。

5のあなたと6の相手
5 × 6

♥プチOMA♥ 太陽にかざした手でクジを引くと、ラッキーにめぐまれるよ！

149

なぜか気になる相手

自分の世界を持っていて、シュミや好みがちがう相手。それでも、そんな相手に何かを感じて気になるあなた。相手の心を開くには、ねばり強さが必要だから、いっぱい話しかけて。

ダイタンVSパワフル

相手のパワーから勇気をもらえる相性。好きなことに関してダイタンな行動を取るあなたも、この相手のパワフルさには負けそう！？いっしょにいると勇気がわいてくるはず。

理解してくれる相手

あなたのことを理解してくれるので、この相手といると、自分のペースで進める気がするよ。勝手な行動ばかり取っていると、相手がつかれてはなれていっちゃうから、注意！

ライフ・パス・ナンバー 6 のあなた

Part 6 ナンバー相性うらない

役割分担で名コンビ
6のあなたと1の相手

がんばり屋な相手を尊敬するあなた。この人といっしょだと、責任感の強い者同士でうまくやっていけそう。やることを分担して、あなたが支えてあげるともっと◎だよ。

守る親鳥と守られるヒナ
6のあなたと2の相手

どちらも愛情豊かで、一見似た者同士。でも相手はけっこうガンコで、いったん決めたことは変えたくないタイプ。あなたが一歩ゆずって、おおらかに見守ってあげられるとベスト。

思いやりで包み合う2人
6のあなたと3の相手

やさしさと気配りで、相手を大事にする2人は、いっしょにいるとリラックスできる相性。ただし、あまりベタベタするのは×。おたがいの自由を尊重するのがいいみたい。

♥プチOMA♥ 朝ごはんに黄色くて丸いものを食べると、金運がアップするよ。

あなたには素直になる相手

ガンコな相手だけど、あなたには素直なところを見せてくれそう。あなたに信用されてると思うと安心するのかも。ただし、お母さんみたいに何でもやってあげるのはNGだよ。

気まぐれなネコのような相手

近づけばスッとはなれたり、知らん顔すれば近づいてきたり……、この相手は気まぐれでマイペースなネコみたい。ベタベタしないで、ほうっておくくらいでちょうどいいのかも。

エンリョし合う者同士

どちらも気配りするタイプなので、エンリョし合ってなかなかタイミングが合わないことも。気を使いすぎてつかれちゃう2人。あなたが少し強気に出たほうがうまくいくよ！

Part 6 ナンバー相性うらない

2人はパーフェクト超人

どちらもナイーブな感覚を持っていて、完ペキを求めるところがありそう。こだわりが強くて、なかなか意見を曲げないところも同じ。たまには、相手の話に耳をかたむけてみて。

6×7

意地をはりやすい2人

6×8

意地っぱりな2人。そのせいでケンカすると「絶交！」ってことも。やさしい心を持ったあなたからあやまってあげるのが正解。そうすると、相手は安心して素直になれるみたい。

平和を愛する2人

心から信らいできる相手。この人といると、おだやかな気持ちになれそう。おたがいの考え方や感じ方を深く理解し合えるから、ずっとサイコーのパートナーでいられるよ！

6×9

♥プチOMA♥ 授業で当てられたら、「ドルーク・ドルーガ」ととなえると◎。

153

7のあなた

頭脳派と本能派

しんちょうなあなたは、なかなか行動を起こせず、この人の単純な行動力がうらやましいときも……。何だかズルイと思ったらダメ。関係がぎくしゃくするからシットしないこと。

あなたが気配りする相手

仲がよくてもベッタリくっつく関係ではなく、あなたが上手にコントロールしてイイ関係を保っている感じ。相手のことがよくわかるので、あなたのほうが気配りしてあげて。

コントロール上手な相手

話すと楽しく、シゲキをもらえる相手。どちらかというと、あなたがリードされている感じかも。ときどき相手の軽さが気になるけど、悪気はないので気にしないこと！

Part 6 ナンバー相性うらない

考えるあなた、進む相手

始める前に考えるあなたと、進みながら考える相手。どちらもじっくり派という点では同じ。相手の一生けん命な様子を見てあげて。見守ってあげられれば、イイ関係になるよ！

7のあなたと4の相手

マイペースな2人

7のあなたと5の相手

相手は何でも体験してみるタイプ。あなたは頭の中で想像するだけでわかっちゃうタイプ。ちがう感性だけど、マイペースなところは同じ。相手のことをみとめてあげてね。

シングル派とグループ派

自分1人でもあれこれ工夫しながらうまくやるあなたと、グループでワイワイやりたい相手とでは、わかり合えない部分も。おせっかいを焼かれてもイヤ顔しないで、笑顔を返して！

7のあなたと6の相手

♥プチOMA♥ フルーツの香りのリップは、ラブ運アップのラッキーアイテム。

大親友かライバルか！？

シュミが同じなら、すぐに仲よくなって最強パートナーに。ただし意見がぶつかると、ライバルに早変わりしやすい相性。いったん別れると、なかなか元に戻らないので注意して。

強い面と弱い面がある相手

エネルギッシュな相手はつねに堂々としているけど、じつは弱い面もあって、そこをあなたはわかっているはず。親切心をハッキしてフォローしてあげれば、うまくいく関係だよ。

夢を語り合う相手

夢や希望について話していると、どんどん幸せな気持ちになれる２人。それはおたがいに相手の個性を大切にしようと思うから。はげまし合って進む、いいパートナーになれそう。

意地がぶつかり合う関係

どちらもプライドが高く、意地をはりやすい関係に。ちょっとしたことで意見が分かれるとどちらもゆずらず、指図されると頭にきちゃう。相手を尊重できればうまくいくよ。

やさしさにいやされる

親切な相手に、あなたは心がいやされる感じ。つねにエネルギッシュに飛び回るあなたにとって、オアシスのような存在。役に立つアドバイスもいっぱいもらえそう！

ベストなコンビ！

あなたがリーダーの役割なら、この人は明るくて楽しい仲間。気がきくタイプなので、あなたが気づかないところもサポートしてくれるよ。パワフルなコンビの誕生になるはず。

プチOMA　朝起きたら窓を開けて風を入れると、積極的なコになれるよ。

大成功をめざせる2人

おたがいに同じ目標を持つと、あなたを助けて成功にみちびいてくれる、心強い相手。あなたに足りないものを持っているので、アドバイスを素直に聞いたほうがトクだよ。

大きな夢を共有できそう

どちらもスケールの大きな夢をえがくタイプ。シゲキし合って何かを成しとげられるはず。ただし、相手を都合のいいように動かそうとするのは×。指図しないで、お願いしてね。

せっかちVSのんびり

自分の思いどおりにならないとイライラするあなただけど、相手はマイペースなのでアセってもムダかも。熱くなったら負けなので、いったん冷静になってから話そうね。

ナンバー相性うらない Part 6

ちがいすぎてあこがれる相手

あなたとはちがう感覚の持ち主なので、カンタンには近づきにくい相手。そこが神秘的なミリョクに感じて、仲よくなりたいと思いそう。キズつけないようにやさしく話しかけて。

8のあなたと7の相手

どちらも主役になりたい

8のあなたと8の相手

あなたも相手も主役になりたいほうだから、どっちが決めるかでもめることも。心の中ではおたがいに相手をみとめているので、共通の目標を持つと、とたんに最強パートナーに！

受け止めてくれる相手

何でも広い心で受け止めてくれる相手なので、いっしょにいると元気が出るよ！ 相手を手助けしたくなるけど、調子に乗ってあれこれ指図するのは×。マイペースでやらせてあげて。

8のあなたと9の相手

プチOMA　右手で右肩、左手で左肩を3回ずつたたくと、ねばり強くなる。

9のあなた

世話を焼きたくなる相手

あなたは、元気でピュアでまっすぐなこの人を見ていると、手助けしてあげたいと思うみたい。でもあまり世話を焼くと調子に乗るタイプなので、ときにはほうっておくほうが◎。

生徒と先生のような関係

考え方は似ているのに、なぜか素直になれないあなた。相手があれこれ指図してくるせいかも。先生みたいに思えて反発したくなるけど、意地をはらずに向き合ってみて。

理想的なパートナー

どちらも社交的で人気のあるタイプなので、相性はバツグン！ しかも相手があなたを尊重してくれるので気持ちがいいはず。いっしょにいると、どんどん楽しくなるプラスの関係。

Part 6 ナンバー相性うらない

こだわりの強い相手

素直になれば、助け合えるイイ相性のはず。ところが相手のこだわりがめんどうになると、あなたからキョリを置きがち。ねばり強く支えてあげると、ずっと仲よしでいられるよ。

9のあなたと4の相手
9 × 4

さびしがり屋と自由人

9のあなたと5の相手
9 × 5

相手は自分で判断して行動するタイプなので、たよられなくてさびしい思いをするあなた。相手を信じて、やりたいようにやらせてあげて。心のキズナは強く結ばれているよ！

愛情に満ちた者同士

おたがいに助け合う、やさしさにあふれた2人なので相性はサイコー♪ この相手はゆっくりしんちょうに進むタイプだから、急かさずにじっくりつき合ってあげるとさらに◎。

9のあなたと6の相手
9 × 6

♥プチOMA♥ 机の上にハサミなどの金属を置いておくと、授業で当たらない。

ソウルメイトのキズナ

見えないものを信じられる2人は気持ちが通じ合い、強いキズナで結ばれるよ。さびしがり屋なあなたに、やさしい相手が寄りそってくれる関係。あまえすぎずに感しゃを伝えて。

迷うあなた、引っぱる相手

力強い相手を尊敬するあなた。仲よくなるとその強引さやワガママにふり回されることもあるけど、いつでもあなたの迷いに答えを出してくれる、たのもしい相手だよ。

だまっていてもわかる人

どちらも相手の気持ちがわかるタイプ。相手の意見を大事にしようと思うあまり、エンリョし合うことが多いかも。あなたの考えていることを伝えると、もっとキズナが強くなるよ。

Part 7 生まれ変わりの不思議を探ろう

過去世と赤い糸うらない

赤い糸でつながった人とは、いつどこで出会う？
今、気になっているカレとの間に赤い糸はある？
何度も生まれ変わった過去世を探り、からまった運命の糸を
たぐりよせちゃうよ。

いざ、過去世へタイムスリップ！

人は何度も生まれ変わりながら、さまざまな体験を通して、宿命を受けついでいるの。「前世」は1つ前の人生だけど、今のあなたに影響をおよぼしているのは、いくつもの「過去世」。かくされた宿命を知るために、もっとも重要な過去世を探る旅へGO！

ステップ1

まず、**あなたの過去世**を探ってみよう。次のページの「過去世の調べ方」で、あなたの過去世を調べてね。今のあなたにイチバン影響をあたえた過去世の姿がわかるよ！

ステップ2

次に、過去世から続く**赤い糸の宿命**を探るよ。気になるカレとあなたの過去世から、カレとあなたの間に結ばれている糸がどんな色なのかがわかるの。色によってキズナの特ちょうがわかるよ！

過去世の調べ方

129ページで出した「ライフ・パス・ナンバー」と「名前」を使ってうらなうよ！
表から、ライフ・パス・ナンバーとあなたの下の名前の最初の文字が交わるところを見てね。
アルファベットがあなたの過去世タイプを表すよ。

例1 2007年4月29日生まれの「はるか」さんの場合

→ 2＋0＋0＋7＋4＋2＋9 ＝ 24
→ 2＋4 ＝ 6

ライフ・パス・ナンバーは「6」。
名前の最初の文字は「は」なので、交わるところを見ると、「C」。

ライフ・パス・ナンバー ＼ 名前の最初の文字	あいうえお やゆよ わゑをん	かきくけこ がぎぐげご	さしすせそ ざじずぜぞ	たちつてと だぢづでど なにぬねの らりるれろ	はひふへほ ばびぶべぼ ぱぴぷぺぽ まみむめも
1	G	D	B	C	F
2	H	A	F	D	E
3	D	B	H	E	C
4	B	C	E	A	B
5	A	F	G	B	G
6	B	H	A	G	C
7	E	G	D	F	A
8	F	E	C	H	D
9	G	D	B	C	F
0	C	E	G	F	H

♥ プチOMA ♥　イライラしたときは、黒いアイテムを見つめるようにしよう。

ステップ1 あなたの過去世と出会い

赤い糸は現代でどうつながる？

みんなに信らいされて充実した人生

紀元前70年ごろのエジプトの王家に生まれた王女。美しく、かしこく、正義感が強く、つねに平等な判断をして、父である王にも民にもとても信らいされていたの。そのいちずな性格は今のあなたの中にも受けつがれ、目標を決めたらゼッタイあきらめないよ！たよられるとめんどう見のよさをハッキして、まわりに愛されるところも王女と同じ。

A 気高くかしこい エジプトの女王

身分ちがいのカレを愛しぬく姫

王の城を造っていた建築家に恋をした王女。でも平民との恋は許されなかったの。王女は何年もねばり強く王にうったえ続けたけれど、聞き入れられなかった。人前では明るくふるまっていた王女だけど、夜になるとひっそり泣いて過ごす毎日……。困りはてた王はついに建築家をむすこにして、王家にむかえたの。こうしてきょうだいになった2人は、結婚はできなかったけれど、強い愛のキズナで結ばれ、力を合わせて国をおさめていったのよ。

Part 7 過去世と赤い糸うらない

赤い糸がみちびく出会いとは!?

チャンス1

いつ？
9〜10才

どこで？
学校か塾で。教材か文ぼう具を通じて、2人がふれ合う何かが起きるよ。

運命のサインは？
カレは視力が悪く、メガネかコンタクトをつけているのがヒントだよ。

チャンス2

いつ？
19〜21才

どこで？
よく行くお店で。友だち数人と話していたカレがあなたを見かけてイシキするよ。

運命のサインは？
目が合った瞬間、カレが何か言いたそうにするよ。その直後のテレ笑いがサイン。

チャンス3

いつ？
25〜26才

どこで？
初めて行ったヘアサロンで。カレを見かけてあなたのほうが気になる。

運命のサインは？
すれちがったとき、かすかにシトラス系の香りがするのがサインだよ。

♥ プチOMA ♥ バテバテ状態には、「アレス」と2回となえるじゅもんが効く。

167

赤い糸がみちびく出会いとは!?

チャンス 1
いつ? 19〜20才

どこで?
友だちの学校に遊びにいったときに、何かのハプニングが起きて知り合う。

運命のサインは?
カレは、会話のとちゅうでふと髪の毛をさわるクセがあるはず。

チャンス 2
いつ? 22〜24才

どこで?
イベントで。関係者のカレに何かの用事があって話をするのがきっかけに。

運命のサインは?
カレは早口。一見軽く見えるけれど、テキパキと仕事をしている様子にひかれるよ。

チャンス 3
いつ? 25才

どこで?
リゾート地。ホテルに到着したときに出会う、笑顔が印象的なカレにひかれる。

運命のサインは?
カレには清潔感があるよ。髪やツメがケアされていて、とくに指がキレイ。

Part 7 過去世と赤い糸うらない

情熱的に生きるスペインの歌姫 B

天性の才能で世界を魅了したアイドル

天使のような歌声でみんなをおどろかせ、伝説的に語りつがれた18世紀スペインの歌姫。カノジョの歌は人を元気にし、勇気をあたえたよ。絶大な人気をほこる公演ツアーは外国でも有名になり、ある王室の画家はカノジョをモデルにして絵をかいたの。そのカリスマ性は今のあなたの中にも受けつがれ、人を元気にする明るさとミリョクを持っているよ！

サイコーのモテ期に真実の愛にめざめる

身分の高い貴族から平民、熱狂的な追っかけファンまで、あらゆる男性をとりこにしたカノジョ。だれもがカノジョを好きになったけれど、だれにも興味がなかったカノジョは、ある日ふと気づいたの。歌を始めた子どものころからずっと支えて、はげまし続けてくれた男友だちに。自分の中にカレへの愛があることを知ったカノジョは故郷に帰り、カレの胸に飛びこんだの。そしておどろくカレに逆プロポーズ！ その後2人は何が起きても、決してはなれなかったよ。

♥ プチOMA ♥ カレを見つめて心の中で、「リーチェ」と3回となえると両思い。

こわいもの知らずで世界をかけめぐる

19世紀のアメリカで活やくした秘密情報部員。あるときは上流社会の貴婦人、あるときは王室おかかえの料理人、またあるときは旅芸人。いくつもの顔を持ち、世界中から情報を集めたスゴイ情報部員だったみたい！ 人並みはずれた頭脳と記憶力を持つカノジョは、ファッションセンスもバツグンで、今のあなたの中にも、それらの才能が受けつがれているはず。

C 複数の顔を持つアメリカの情報部員

Part 7 過去世と赤い糸うらない

チャンス 1
いつ？ 11～12才
どこで？ 本屋さんで。カレの近くを通ったとき、あなたを怒らせる出来事が起きるみたい。
運命のサインは？ 最初の出会いのあとも、ときどき同じ本屋さんで見かければ運命スタート。

チャンス 2
いつ？ 23～25才
どこで？ ライブハウスで。アクシデントにあい、あなたを助けてくれる相手。
運命のサインは？ いそがしそうに、飲みものを運んでいるカレをあなたが助けたくなるよ。

チャンス 3
いつ？ 27才
どこで？ 職場。仕事帰りに遊びにいく仲間同士で、いっしょに盛り上がる相手。
運命のサインは？ あなたの仕事のなやみを、熱心に聞いてくれる態度がサイン。

赤い糸がみちびく出会いとは！？

引き寄せ合うめぐりあわせの不思議

ファッション業界で仕事をしていたカノジョは、そこでモデルの男性と恋に落ちたの。でも正体を明かせないカノジョは苦しみ、別れるためにわざと大ゲンカ。数年が過ぎ、ある社交界でふたたび出会う2人。でも「やり直そう」と言うカレを笑い者にして怒らせ、カノジョは去ってしまったの。本心ではない言葉でキズついたのは、カレもカノジョも同じ。仕事を捨てて旅立った外国の街角で、またもめぐりあった2人は、無言で見つめ合い、ようやく結ばれたの。

♥プチOMA♥ デコ用のストーンを、1つぶポケットに入れるとラッキーに。

女性ながらに真の強さを持つ勇者

18世紀末、皇帝ナポレオンに才能をみとめられ、女性の身で戦地に行った勇かんな学者。ナポレオンがエジプトから持ち帰った数々の宝を発見したのは、他ならぬカノジョだったみたい。冒険心にあふれて、思い立ったらすぐに行動に移す積極性は、今のあなたの中にも確実に受けつがれているはず。興味を持った分野には、おそれを知らない騎士のように突進しそう！

D 真実を追究する フランスの学者

赤い糸がみちびく出会いとは!?

チャンス 1
いつ？ 20～22才
どこで？
合コンで。だれかのピンチヒッターで、チコクして登場した人。
運命のサインは？
カレは最初からあなたのとなりに座りたがるので、スグわかるはず。

チャンス 2
いつ？ 27～28才
どこで？
病院で。お見舞いに訪れた病院のろうかですれちがうボサボサ髪の人。
運命のサインは？
早足でサッサと歩いてくるよ。一瞬チラリとあなたを見たらサイン。

チャンス 3
いつ？ 30～32才
どこで？
海外で。観光スポットで忘れものをしたときに助けてくれる人。
運命のサインは？
サポートしてくれたあとも、なぜかずっとそばにいてくれたらサイン。

Part 7 過去世と赤い糸うらない

生死の境で出会った恋

ナポレオンといっしょにロシアに行ったとき、ケガをしてたおれているところを、地元の医者に助けられたカノジョは、もうろうとする意識の中でカレにひと目ぼれ。必死の看病のおかげで元気を取り戻したカノジョは、カレのおだやかな性格と薬の知識にひかれ、その地に残ったの。でも、故郷とあまりにもちがう厳しい寒さで、カノジョは次第に弱っていき、ついに重い病気に…。それでも愛するカレと薬の研究を続けられたことに、カノジョは心から満足したよ。

♥プチOMA♥ ピーチの香りのアイテムには、金運アップの効果がたっぷり！

財産も祖国も投げ出した決断の恋

はるばるシルクロードを通って商売に来る中国の商人から、何度も熱いラブコールを受けたけれど、仕事に夢中のカノジョは、冷たい返事。そんなある日、商人が病にたおれたと聞いたカノジョはおどろいて中国のカレのところへ。カレの病気はカノジョに会いたくて無理を続けたせい。カレの熱意を知ると、カノジョは自分の店をあっさり人にゆずり、カレの商売を手伝う決心をしたの。回復したカレと2人で始めた新しい店はその後、シルクロード中で大人気に！

だれからもたよられる信らいの貿易商

15世紀初め、商売のセンスがあったカノジョは、故郷のトルクメニスタンで雑貨店を始め、いくつもの支店をオープンさせて大成功!「西の国の様子も、東の国の情報も、あなたに聞けば何でもわかる」と、商人仲間からたよられたみたい。だれとでも上手につき合うカノジョの性格はあなたの中にも受けつがれ、バツグンのコミュニケーション能力としてハッキされるよ。

Part 7 過去世と赤い糸うらない

人の心をつかむ E シルクロードの商人

赤い糸がみちびく出会いとは!?

チャンス 1
いつ? 23～25才
どこで?
路地裏のショップで。初めて入った店で、なごんでいる様子が印象的な人。
運命のサインは?
あなたに話しかけるとき、両手の指先を重ね合わせているのがサイン。

チャンス 2
いつ? 28才
どこで?
友人の結婚披露宴で。盛り上げ役になって周囲を楽しませ、めだっている人。
運命のサインは?
人気のないところでつかれた様子を見せているのがずっと印象に残る。

チャンス 3
いつ? 30才
どこで?
友だちの家で。ホームパーティーで初対面なのに気が合って、話しこむ相手。
運命のサインは?
食べものや飲みものの好きキライが同じなら、運命のサイン。

プチOMA 初めての人と話す前に、「アルン」ととなえるとアガらないよ。

赤い糸がみちびく出会いとは!?

チャンス 1
いつ? 14〜15才
どこで? ファーストフード店で。店内で、あなたと何度か目が合う人。
運命のサインは? 目と目が合った瞬間に、ビビッと感じるものがあるのでわかるはず。

チャンス 2
いつ? 23才
どこで? お気に入りのカフェで。初対面なのに、なぜかじっくり語り合うことになる相手。
運命のサインは? 話しているときになつかしさを感じるよ。話しやすいと思ったらサイン。

チャンス 3
いつ? 31〜34才
どこで? 職場で。あなたに仕事のやり方を聞いてくる人がいたらチェック。
運命のサインは? あなたの話を聞きながら、うで組みをしているのがサイン。

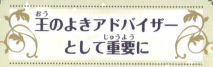

F モンゴルの巫女

心を読む神秘的な

Part 7 過去世と赤い糸うらない

王のよきアドバイザーとして重要に

12世紀ごろに生まれたカノジョは、幼いころから人の心がわかる特別な才能を持っていたの。お坊様にすすめられて奥深い山で修行を積み、やがて王の巫女として活やく。その力をたよって、世界中からカノジョのもとへ、政治や国の運命についてアドバイスを聞きにくる人が大勢いたほど。その直感力を受けついだあなたは、自分のことより人のことがよくわかる、やさしい人に。

かげからそっと見守るせつない恋

同じ修行にはげんでいた若いお坊様を好きになり、カレの姿を見かけるたびに心をときめかせていた幼いカノジョ。修行中で恋は禁止の2人。一度も話すことがないまま、カノジョは巫女として王の宮殿へ。王が開く祭りの夜も、それぞれ遠くからおたがいの姿をながめるばかり。長い年月が過ぎ、巫女の役目を人にゆずったあと、ようやく自分の思いを手紙にして届けたけれど、聖なる巫女にふれることをおそれたカレは、そっといなくなってしまったの。

♥プチOMA　イヌのキャラがついたアイテムは、友だちをたくさんまねくよ。

177

弱い者を助ける伝説のヒロイン

16世紀のイギリス。女王の命令でひそかに海賊もやる、という貴族の家に生まれたカノジョは、成長すると女海賊に。でも正義感のあるカノジョは、悪徳商人の船しかねらわなかったのよ。宝物は、めぐまれない人たちに分けたので、感しゃされ、仲間からは尊敬されていたよ。カノジョの度胸のよさをあなたも受けつぎ、すじの通らない曲がったことがキライ。

G

民の味方をするイギリスの女海賊

つい意地をはっちゃう不器用な恋

同じ海賊船に乗る年上のカレに思いを寄せてはいたものの、あまえベタだったために自分の恋を打ち明けられなかったみたい。でも、心では愛するカレのためなら、どんなこともやってみせるかくごがあったよ。実際、カレが重い伝染病にかかって死にかけたとき、カレを海へ投げ捨てようとした父親からカレをうばい返し、たった1人でカレの看病を続けて、キセキ的にカレを回復させたの。そこから、2人は愛し合うようになり、深いキズナで結ばれたよ。

Part 7 過去世と赤い糸うらない

赤い糸がみちびく出会いとは!?

チャンス 1
いつ? 18〜20才
どこで? 学校の教室で。進路の相談をしたくて話しかける相手がカレ。
運命のサインは? 思った以上にしっかりアドバイスをしてくれて胸キュンしたらサイン。

チャンス 2
いつ? 25才
どこで? お花見スポットで。仲間で集まっていたら、たまたま近くの男性グループと合流。
運命のサインは? 頭にくっついた花びらをおたがいに取り合うことになるとサイン。

チャンス 3
いつ? 27才
どこで? スポーツ関連の施設で。となりで練習しながらフォームを教えてくれる人。
運命のサインは? 何となく会ったことがあると感じたら、それが運命のサイン。

♥ プチOMA ♥ ニガテなコの後ろ姿に、指で十字を切るとだんだん仲よしに。

赤(あか)い糸(いと)がみちびく出会(であ)いとは!?

いつ?
10才(さい)

どこで?
家(いえ)の近所(きんじょ)で。急(いそ)いでいるときに、あなたがぶつかりそうになった相手(あいて)。

運命(うんめい)のサインは?
その相手(あいて)が、手(て)にみどり色(いろ)のものを持(も)っていたら、それがサイン。

いつ?
24才(さい)

どこで?
空港(くうこう)のロビーで。アクシデントが起(お)きて、それを解決(かいけつ)してくれる人(ひと)。

運命(うんめい)のサインは?
やさしく笑(わら)ったときにちょっとだけ八重歯(やえば)が見(み)えたらサイン。

いつ?
28〜30才(さい)

どこで?
習(なら)いごとの場(ば)で。いっしょに習(なら)っている人(ひと)に話(はな)しかけられるよ。

運命(うんめい)のサインは?
カレのほうからさりげなく、「お茶(ちゃ)しよう」とあなたをさそうはず。

Part 7 過去世と赤い糸うらない

神に仕え、人の心をいやす存在

18世紀のイタリア。幼いころから「神とは？」を真剣に考え、自分で決めて教会に入って、シスターと呼ばれたカノジョ。薬になるハーブ作りにはげみ、体調のよくない人たちにハーブをおしみなく分けあたえたカノジョは、「ハーブの女神」と呼ばれるほどみんなに愛されたの。まじめでひたむきな性格はあなたの中にも受けつがれ、まわりの人を包みこむあたたかさと、ひかえめさを持っているよ。

H けがれなき イタリアの シスター

生涯でたった一度の恋を実らせる

教会にやってきた庭師にハーブをほめられたことがきっかけで、生まれて初めて男性を好きになったカノジョ。でも、「神に仕える者が恋をしてはいけない」という思いは強く、心の中でカレのために祈り、見守るだけにしようと決めたの。ところがある日突然、カレからプロポーズされてビックリ。いったんは断ったけど、最初で最後の恋……。カレを忘れられず、なやんだ末に教会をはなれて、2人でハーブを育てながら平和な生活を送ったの。

 プチOMA ねる前に、レモンキャンディをビンに入れてふるとイイ夢に★

ステップ2

運命の糸は何色？

気になる相手とはどんな関係？

うらない方

1 まず、129ページで調べたい相手のライフ・パス・ナンバーを調べ、次に165ページでアルファベットを出してね。

2 次に、下の表からあなたのアルファベットと、相手のアルファベットが交差するところを見て、運命の糸の色を調べて！ 相手が友だちでもうらなえるよ！

相手＼あなた	A	B	C	D	E	F	G	H
A	オレンジ	イエロー	パープル	グリーン	ブラウン	ブルー	レッド	ピンク
B	イエロー	オレンジ	ブラウン	パープル	グリーン	レッド	ピンク	ブルー
C	パープル	ブラウン	オレンジ	ピンク	イエロー	グリーン	ブルー	レッド
D	ブルー	パープル	ピンク	オレンジ	レッド	イエロー	ブラウン	グリーン
E	ブラウン	ブルー	イエロー	レッド	オレンジ	ピンク	グリーン	パープル
F	グリーン	レッド	ブルー	イエロー	ピンク	オレンジ	パープル	ブラウン
G	レッド	ピンク	グリーン	ブラウン	ブルー	パープル	オレンジ	イエロー
H	ピンク	グリーン	レッド	ブルー	パープル	ブラウン	イエロー	オレンジ

レッド

Part 7 過去世と赤い糸うらない

2人の運命は?

ゆるがない強いキズナ!

直接会えなくても、2人の縁が消えることは決してないし、2人の間にどんな障害があっても、ピンチをうまく切りぬけていけるはず。

キズナキープのポイント

こまめな声かけ!

だらだらと長く話すより、ちょこちょこ声をかけ合って。

2人の運命は?

あまえなければよい相性

いっしょにいるとハッピーな気分に。でも、ピンチになると、2人とも相手が何とかしてくれると思って行動しないところが問題。

キズナキープのポイント

協力がカギに!

相手にお願いばかりしないで、協力してピンチを乗りこえて!

イエロー Yellow

♥ プチOMA ♥ トマトソースのパスタには、ラブ運を上げる効果がたっぷり♥

183

2人の運命は？
不安に勝てればだいじょうぶ

相手と会えないときが続くと、とたんに不安になってしまうみたい。2人のキズナは、しっかり結ばれているはずだから安心して。

キズナキープのポイント

信らいがカギに！

相手を疑って落ちこまないで。信じてあげるのが大切だよ！

2人の運命は？
じっくり育てていく相性

時間をかけて縁を深めていく宿命。だんだん強くなる相性だから、トラブルが起きても気にしないこと。おしゃべりの機会が増えるほど◎。

キズナキープのポイント

アセらないこと！

ゆっくりと少しずつ、何でも気軽に話せる関係を築いていこうね。

2人の運命は？

すれちがいぎみが心配

今のところ、縁はやや弱め。この相性はピンチを乗り越えるたびに強くなるよ。トラブルが起きたら、逆にキズナを深めるチャンス！

キズナキープのポイント

力を合わせること！

なやみを相談し合って、いっしょに解決していくとベスト。

Part 7 過去世と赤い糸うらない

ブルー

2人の運命は？

アピール不足が縁を弱めそう

縁は強いほうなのに、気持ちが伝わっていないかも。もっと仲よくなりたいなら、今からでも積極的にアプローチしてみて！

キズナキープのポイント

ほめること！

もっと長所を見つけて、いっぱいほめてあげるのがヒケツだよ！

♥プチOMA♥　よごれたくつは運気ダウンの元なので、いつもキレイにして。

グリーン

2人の運命は？
なれて油断するとピンチに

いごこちのよさに安心していると、ついワガママが出て、相手を困らせてしまうかも。自分のことばかりでなく、相手の気持ちも考えて。

キズナキープのポイント
聞き役になって！

自分のことばかり話さず、だまって相手の話を聞くのも大事だよ。

オレンジ

2人の運命は？
困ったときにキズナを確認

縁はかなり強めなのに、エンリョし合うところがある2人。でも相手はあなたを助けてあげたいと思っているよ！

キズナキープのポイント
本音で話して

相手に合わせるだけでなく、自分の本心も積極的に話していこう！

あなたをスイーツ♥キャラにたとえると？

うらない方

1 右ページの表1から、自分が生まれた年と月が交わるところの数字を調べて。

2 その数字と自分の誕生日を足してね。もし合計が61以上になったら、60を引いて。

> **例1** ▶ 2007年7月24日生まれの場合
> 32（表1で調べた数字）＋ 24（誕生日）＝ 56

> **例2** ▶ 2005年10月21日生まれの場合
> 54（表1で調べた数字）＋ 21（誕生日）＝ 75
> 合計が61以上なので、75 − 60 = 15

3 190ページの表2から、2で出した合計数のところを見て。それがあなたのスイーツキャラ！

> **例1** ▶ 2007年7月24日生まれの場合
> 合計数が56なので、「マカロン」

> **例2** ▶ 2005年10月21日生まれの場合
> 合計数が15なので、「イチゴ大福」

表1

年	1月	2月	3月	4月	5月	6月	7月	8月	9月	10月	11月	12月
1970	17	48	16	47	17	48	18	49	20	50	21	51
1971	22	53	21	52	22	53	23	54	25	55	26	56
1972	27	58	27	58	28	59	29	0	31	1	32	2
1973	33	4	32	3	33	4	34	5	36	6	37	7
1974	38	9	37	8	38	9	39	10	41	11	42	12
1975	43	14	42	13	43	14	44	15	46	16	47	17
1976	48	19	48	19	49	20	50	21	52	22	53	23
1977	54	25	53	24	54	25	55	26	57	27	58	28
1978	59	30	58	29	59	30	0	31	2	32	3	33
1979	4	35	3	34	4	35	5	36	7	37	6	38
1980	9	40	9	40	10	41	11	42	13	43	14	44
1981	15	46	14	45	15	46	16	47	18	48	19	49
1982	20	51	19	50	20	51	21	52	23	53	24	54
1983	25	56	24	55	25	56	26	57	28	58	29	59
1984	30	1	30	1	31	2	32	3	34	4	35	5
1985	36	7	35	6	36	7	37	8	39	9	40	10
1986	41	12	40	11	41	12	42	13	44	14	45	15
1987	46	17	45	16	46	17	47	18	49	19	50	20
1988	51	22	51	22	52	23	53	24	55	25	56	26
1989	57	28	56	27	57	28	58	29	0	30	1	31
1990	2	33	1	32	2	33	3	34	5	35	6	36
1991	7	38	6	37	7	38	8	39	10	40	11	41
1992	12	43	12	43	13	44	14	45	16	46	17	47
1993	18	49	17	48	18	49	19	50	21	51	22	52
1994	23	54	22	53	23	54	24	55	26	56	27	57
1995	28	59	27	58	28	59	29	0	31	1	32	2
1996	33	4	33	4	34	5	35	6	37	7	38	8
1997	39	10	38	9	39	10	40	11	42	12	43	13
1998	44	15	43	14	44	15	45	16	47	17	48	18
1999	49	20	48	19	49	20	50	21	52	22	53	23
2000	54	25	54	25	55	26	56	27	58	28	59	29
2001	0	31	59	30	0	31	1	32	3	33	4	34
2002	5	36	4	35	5	36	6	37	8	38	9	39
2003	10	41	9	40	10	41	11	42	13	43	14	44
2004	15	46	15	46	16	47	17	48	19	49	20	50
2005	21	52	20	51	21	52	22	53	24	54	25	55
2006	26	57	25	56	26	57	27	58	29	59	30	0
2007	31	2	30	1	31	2	32	3	34	4	35	5
2008	36	7	36	7	37	8	38	9	40	10	41	11
2009	42	13	41	12	42	13	43	14	45	15	46	16
2010	47	18	46	17	47	18	48	19	50	20	51	21
2011	52	23	51	22	52	23	53	24	55	25	56	26
2012	57	28	57	28	58	29	59	30	1	31	2	32
2013	3	34	2	33	3	34	4	35	6	36	7	37
2014	8	39	7	28	8	39	9	40	11	41	12	42
2015	13	44	12	43	13	44	14	45	16	46	17	47
2016	18	49	18	49	19	50	20	51	22	52	23	53
2017	24	55	23	54	24	55	25	56	27	57	28	58
2018	29	0	28	59	29	0	30	1	32	2	33	3
2019	34	5	33	4	34	5	35	6	37	7	38	8
2020	39	10	39	10	40	11	41	12	43	13	44	14
2021	45	16	44	15	45	16	46	17	48	18	49	19
2022	50	21	49	20	50	21	51	22	53	23	54	24
2023	55	26	54	25	55	26	56	27	58	28	59	29
2024	0	31	0	31	1	32	2	33	4	34	5	35
2025	6	37	5	36	6	37	7	38	9	39	10	40

Part 8 スイーツ♥キャラうらない

♥ プチOMA ♥ 言葉にパワーを宿らせたいときは、ワインレッドのリップ♪

表2

1 ジェラート
2 どらやき
3 イチゴ大福
4 パフェ
5 マカロン
6 ドーナツ
7 ジェラート
8 どらやき
9 イチゴ大福
10 パフェ
11 プリン
12 バウムクーヘン
13 ティラミス
14 シュークリーム
15 イチゴ大福
16 パフェ
17 プリン
18 バウムクーヘン
19 ティラミス
20 シュークリーム

21 クレープ
22 クレープ
23 シュークリーム
24 ティラミス
25 バウムクーヘン
26 ティラミス
27 クレープ
28 クレープ
29 シュークリーム
30 ティラミス
31 バウムクーヘン
32 プリン
33 パフェ
34 イチゴ大福
35 シュークリーム
36 ティラミス
37 バウムクーヘン
38 プリン
39 パフェ
40 イチゴ大福

41 どらやき
42 ジェラート
43 ドーナツ
44 マカロン
45 パフェ
46 イチゴ大福
47 どらやき
48 ジェラート
49 ドーナツ
50 マカロン
51 ザッハトルテ
52 ザッハトルテ
53 マカロン
54 ドーナツ
55 ドーナツ
56 マカロン
57 ザッハトルテ
58 ザッハトルテ
59 マカロン
60 ドーナツ

ジェラートちゃん

あまさひかえめ、すっきりとさわやかな口当たりの、クールなジェラートちゃん。モタモタしてたら溶けちゃうよ！……と、いつもテキパキ。フットワーク軽く、未知の味を探して飛び回るよ。たとえ失敗したってクヨクヨしない性格☆

Part 8 スイーツ♡キャラうらない

ナイスな相方！ どらやきちゃん

考える前に走りだしちゃうジェラートちゃんが転ばないように、アドバイスしてくれるのが、どらやきちゃん♡

クレープちゃん

自由でいたいクレープちゃんは、決めつけられるのがキライ。気分次第であまいクリームを巻いたり、サラダを巻いてランチにしたり、思いどおりにしたいの♪キゲンがいいときと悪いときの差がはげしいけど、その感性は天才的！

ナイスな相方！ シュークリームちゃん

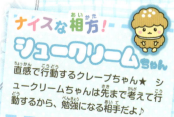

直感で行動するクレープちゃん★シュークリームちゃんは先まで考えて行動するから、勉強になる相手だよ♪

♥プチOMA♥ シャンプーを♀のマークに出して使うと、髪がきれいになる。

ティラミスちゃん

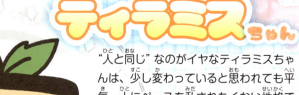

"人と同じ"なのがイヤなティラミスちゃんは、少し変わっていると思われても平気。人にペースを乱されたくない性格で何でも自己流だよ。あまいだけのスイーツじゃものたりなくて、ほろにがさをプラスして、わが道を行く個性派☆

ナイスな相方！ イチゴ大福ちゃん
ティラミスちゃんの自由なアイデアが、イチゴ大福ちゃんの好奇心をシゲキして、いつもドキドキ×ワクワク★

マカロンちゃん

新しいものにビンカンで、オシャレナンバーワンのマカロンちゃんは、プライドもナンバーワン！カラフルでオシャレな人気者だけど、みんなにチヤホヤされないとすねちゃう。人に仕切られるとイライラする女王様タイプだよ。

ナイスな相方！ パフェちゃん
ついキツイ言い方をしがちだけど、パフェちゃんが相手だと、キズつけないように、やさしくなれるの。

ドーナツちゃん

Part 8 スイーツ♡キャラうらない

人情に厚い正義漢、それがドーナツちゃん。みんなを守ってリーダーシップをハッキ！ だれもが平等に輪になって楽しく、がモットーなので、リングの形になったんだよ♪ めんどう見がいいのは長所だけれど、思いこみがはげしいところも。

ナイスな相方！ プリンちゃん

素直でかわいいプリンちゃんにたよられると、ドーナツちゃんは自分が強くなったみたいでうれしい♡

ザッハトルテちゃん

何でもきっちりしていないと気がすまない、カンペキ主義のザッハトルテちゃん。オーストリアの宮廷で誕生したのがジマンのセレブだよ。高級感があって、1人堂々とめだっちゃう★ 責任感が強く、決して弱音をはかない優等生！

ナイスな相方！ バウムクーヘンちゃん

バウムクーヘンちゃんにやさしくされると、ザッハトルテちゃんはリラックスできるみたい。

♥プチOMA♥ 青いリボンに願いごとをかき、机にしまうと、かないやすい。

193

イチゴ大福ちゃん

じっとしていられないイチゴ大福ちゃんは少しお調子者で、にぎやかなことが大好き。ただの大福じゃイヤ！ 人気のイチゴを乗っけてブレイクするそのセンスはバツグン！ 自分が経験した知識を、おしみなくみんなに教える人のよさも。

ナイスな相方！ーーバー
ティラミスちゃん
何にでも首をつっこむイチゴ大福ちゃんを見守って、そっとサポートしてくれるのがティラミスちゃん♡♡

どらやきちゃん

流行なんかに乗っからず、だれにでも長く愛されるどらやきちゃんは、ちょっぴり天然キャラ。いつもマイペースだよ。自分がめだつより、かげでみんなを支えるのが好きみたい。伝統を大切にするせいか、ガンコなのが玉にキズかも。

ナイスな相方！ーーバー
ジェラートちゃん
新しいことにチャレンジするジェラートちゃんを見ていると、どらやきちゃんにも勇気がわいてくる！

プリンちゃん

プリンちゃんはとってもナイーブ。ちょっとイジられるとくずれちゃうから、いつもビクビク。初対面のコにはけいかいしちゃうよ。でも中身は好奇心いっぱいで、仲よくなったコには、キャラが変わったみたいに元気いっぱい！

ナイスな相方！
ドーナツちゃん
あまえっコのプリンちゃんは、たのもしいドーナツちゃんといっしょにいると、安心していられるみたい♡

Part 8 スイーツ♡キャラうらない

パフェちゃん

アセらず、マイペースで楽しいことだけやりたいパフェちゃん。チョコにフルーツにクリーム……ワクワクする出会いを求め続けるよ★　何でも上手に取りこむ器の大きいパフェちゃんは、器用なところがあり、失敗が少ないのも長所。

ナイスな相方！
マカロンちゃん
活発だけど、どこかホンワカしてるマカロンちゃん。デリケートなパフェちゃんの心を、いやしてくれるよ。

　手鏡にピンクのペンでカレのイニシャルをかくと、告白される。

195

バウムクーヘンちゃん

落ち着いているけど、ホントは不安で心がゆれやすいバウムクーヘンちゃん。でも、決めたことはとことんまでやる、がんばり屋だよ。何度も何度も生地を巻いて仕上げるのは、バウムクーヘンちゃんにしかできない、根気のいる仕事！

ナイスな相方！ ザッハトルテちゃん
人の意見に流されがちで、気弱なバウムクーヘンちゃんを、堂々としたザッハトルテちゃんが守ってくれる♡

シュークリームちゃん

やわらかいクリームを、パリッとした生地で守っているシュークリームちゃん。クールにふるまっているけれどガンコで、本当はさびしがり屋なの。大勢でいると安心〜〜。世話好きで、人からたよられるとうれしくなっちゃう♪

ナイスな相方！ クレープちゃん
意地っぱりなシュークリームちゃんのガンコな心を、クレープちゃんは思いがけないひらめきでほぐすよ☆

Part 9

ラブに♥
フレンドに♪
金運に効く★

毎日を ハッピー&ラッキーに！ ガールズ風水

風水は、運のいいものだけをチョイスすることで、自分がいる環境をラッキーに変えちゃうハッピーマジック！女のコの運は身につけるものによってぐーんと差が出るよ♥

女のコの絶対的味方★
風水でHAPPYになろう！

ちょっとした工夫を取り入れるだけで、ぐんぐん運がよくなっちゃう風水♡
そんな風水の歴史と、基本ルールを大公開します！

古代中国から伝わる運気アップの法則

風水は「世の中のすべてのものには"気"が宿っている」と考える、古代中国で生まれた学問だよ。昔の研究者たちは"気"をあやつることで、さまざまな運気を上げることができると、秘密の法則をあみだしたの。

いい"気"を招いてラッキーをゲット♪

ものが持つ"気"とは、つまり、目に見えない"エネルギー"や"力"のこと。風水のスゴイところは、チャレンジしたその日から、みるみる運気がアップするところ★　さっそく運気別に、法則をしょうかいするね♪

友だちとキズナを深める
フレンド風水

クラスメイトや心友ともっと仲よくなるために、おすすめの風水アイテムを教えてあげるね！

Part 9 ガールズ風水

あなたの印象を決める
ハンカチ

ハンカチは出会いのチャンスを左右するアイテム。色やもようによってアップする運気も変わるよ★ 上げたい運気別に、ハンカチを使い分けると◎。

みんなから注目されたい！
ピンクや明るいオレンジ色のハンカチを使うのがおすすめ。

新しい友だちがほしい！
チェックもようのハンカチが、友だちの輪を広げてくれるよ♪

女のコらしく見られたい！
花がらやレースのついた、かわいいハンカチを使ってみて♡

♥プチOMA♥ くじけない心を持ちたいときは、ベージュのヘアアクセが◎。

199

個性をアピール！
携帯電話・スマホ

人とちがった携帯電話やスマホを持つと、人気者になれるよ★ キラキラしたシールをはったり、ゆれるストラップでみんなと差をつけるのが◎！

縁をつないでくれる
キーホルダー

友だちを増やす効果があるキーホルダー♪ 色がゴールドやシルバーのもの、クリスタルやビーズがついていて、キラキラ光るタイプがおすすめ。

楽しいイベントを招く
スケジュール帳

毎年新しい手帳を買うだけでも、運気がアップするんだよ。楽しい予定だけをかくと、自然と楽しいイベントばかり引き寄せられてきちゃうはず★

友情運が高まる
手さげバッグ

手やひじで持つタイプのバッグは、行動力をアップさせてくれるアイテム！ バッグの中の整理整とんを心がけると、さらに友情運を高めてくれちゃうよ★

キズナを深める
カラーペン

友だちに手紙をかくときは、カラーペンを使ってみて！ オレンジはそのコと仲よくしたいときに、グリーンは仲直りしたいときに使うのがおすすめ♪

友情運を上げる
四つ葉のクローバー

友だち関係をとにかくよくしたいときは、四つ葉のクローバーのモチーフが◎！ 携帯電話のストラップや、アクセサリーなどに取り入れてみてね♡

Part 9 ガールズ風水

♥プチOMA♥ 清けつな指で、ニキビに「鳥」と、いう字をかくとなおりが早い。

イメージアップに
ポーチ

ハンカチと同じく、イメージアップをサポートしてくれるポーチ！ピンク、オレンジ、ブルー、ベージュみたいに明るい色をチョイスするのが正解★

みんなと仲よくなれる
リング

友情運をアップさせたいときは、右手の人差し指にリングをつけてみてね。リングの種類は、あなたが「かわいいな」と思ったものなら何でもOKだよ♡

友だちの輪の中心に
白いマスコット

まわりの友だちから注目されたいなら、白いマスコットを持ち歩いてみて♪　ウサギや白クマなど、かわいいキャラクターのマスコットがおすすめ。

気になるカレに大接近♡ ラブ風水

女のコとしてミリョクをアップさせたり、
好きなカレをふり向かせたりしたいときは、ラブ風水を取り入れて！

Part 9 ガールズ風水

恋の強力なサポーター
香り

ラブ運をアップさせたいとき、風水で大切なのが香りが持つ"気"。フレグランスはもちろん、入浴剤やアロマキャンドルなどもお手軽でおすすめ★

ラブ運をよくしたい！
全体的にラブ運をグッと上げたいときは、オレンジ系の香りが◎。

女子力を上げたい！
女のコとしてミリョクをアップしたいなら、ピーチ系をチョイス！

過去の恋にサヨナラしたい！
イヤな思い出や終わった恋を忘れたいときは、ローズ系を選んで。

♥プチOMA♥ 好きなアイテムに、「ハッピーシナモン」ととなえてお守りに。

縁結びに♡
ルームシューズ

恋の運気に大きくかかわるルームシューズ。縁を結んでくれる効果があるリボンつきのルームシューズは、最強のラブ運アップアイテムなんだよ♡

タイミングをのがさない
うで時計

ステキな運命の出会いや、告白のタイミングをがっちりモノにしたいなら、うで時計をつけてみて。手首のしめつけが少ない、ブレスレットタイプが◎！

恋をかなえる
ブレスレット

風の"気"を持つブレスレットは、ラブ運をもたらしてくれる大切なアイテム。細いデザインで、二連になっているものがとくにおすすめだよ♪

出会いをもたらす クッション

新しい出会いを運んできてくれるクッション。フリルがついたクッションだとさらに効果がアップ！ 部屋に置くときは2コか4コなど偶数を心がけて。

ラブ運を上げる フラワー

ブーケでも1輪だけでも、花は女のコに愛の"気"をあたえてくれるラブ運アップのアイテムだよ♡ ベッドの近くや机の上にかざるのがおすすめ。

ステキな縁を結ぶ 鈴

鈴の音には、縁と縁をつないでくれるパワーが宿っているの。ジャラジャラたくさんつけるよりも、お気に入りのものを1つだけつけるのが◎！

♥プチOMA♥ かかとに小さく水星マークの♀をかくと、足が速くなるよ！

金運&クジ運アップ！ LUCKY風水

風水のパワーで、金運とクジ運もアップできちゃう★
思いがけないラッキーをゲットできるかも！

お金の守り神 さいふ

風水では、さいふのじゅみょうは2～3年と考えられているよ。3年を目安に買いかえてね。色はパステルイエローやピンク、白、ベージュがおすすめ♪

金運をもたらす クラウンモチーフ

王かんの形のモチーフは、金運を上げてくれるハッピーアイテム！ クラウンモチーフのストラップをさいふにつけると、さらに効果がアップするよ。

クジ運を上げてくれる パール系アクセ

ネックレスやイヤリングをつけるときは、パール系をチョイスしてみて♪ パールの丸い形が、あなたにクジ運でツキをもたらしてくれるはず★

取り入れるだけでOK
水玉&ヒマワリ

身のまわりのアイテムに、水玉かヒマワリのもようを取り入れてみて！ それだけで、金運&クジ運がいつの間にかアップしちゃうんだよ★

Part 9 ガールズ風水

金運をアップ！
丸いミラー

いつも持ち歩くコンパクトミラーは、丸い形のものが金運に効果的♡ ただしキレイにみがいておかないと、ツキを落としてしまうから気をつけてね！

使えば使うほど◎
マグカップ

白地にオレンジやレモンなどの柑橘類がかかれたマグカップは、金運をグッとアップさせてくれるアイテムなの。黄色のマグカップもおすすめ♪

♥プチOMA　黒とピンクの組み合わせは、ラブ運を引き寄せる最強カラー！　207

勉強＆部活はおまかせ♪
スクール風水

勉強をがんばりたいときや、スポーツに打ちこんでいるときは、スクール風水にサポートをお願いしよう★

才能アップに
コサージュ

キラキラしたビーズや、クリスタルがついたコサージュを、胸元につけてみて！　あなたの才能を開花させて、新しいミリョクを引き出してくれるはず♪

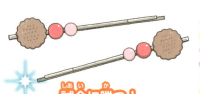

試合に勝つ！
ペアのヘアアクセ

同じヘアピンを左右につける、ツインテールにして同じシュシュを左右につけるなど、ヘアアクセのペア使いは、チームのキズナを強めて勝負運アップに◎。

成績を上げちゃおう！
ガラスの置きもの

ガラスやクリスタルの置きものを机の上に置くと、勉強運がアップするよ★　ラインストーンのついたものや、ビーズがついたものでもOK！

Part 9 ガールズ風水

集中力を高める
ブックエンド

本を横置きにして、重ねておくのはNG！ 1冊1冊きちんと立てて、ブックエンドで整理しよう。ブックエンドはどんなタイプでもOKだよ！

やりたいことが見つかる
星&月モチーフ

星のモチーフと月のモチーフをいっしょに組み合わせると、将来の夢や、やりたいことを見つけるサポートをしてくるよ。アクセや小物で取り入れよう★

やる気をアップ
ゆったりパジャマ

「何だか元気が出ない……」というときは、少し大きめのパジャマがおすすめ。ねむっている間に、元気ややる気をチャージしてくれるはず！

♥プチOMA♥　イヤなことがあったら、手を洗いながら「流れろ！」ととなえて。

食べものでもツキをゲット!?
風水的HAPPY FOOD

風水では食べものにも、それぞれ運気が宿っていると考えるの★ ほしい運別にハッピーフードをチェックしよ!

:友情運　:ラブ運　:金運　:勉強運

♥ リンゴ

恋のなやみ＆ストレスに効果バツグンなのがリンゴ。食べればなやみもスッキリ消えるはず。

♥ サクランボ

サクランボは、ビューティー＆ラブ運をアップしてくれるよ。キレイになりたいときに♡

★ パスタ

ハッピーな出会いを引き寄せるパスタ。とくに"気"が強いトマト味がおすすめ!

★ オレンジ

オレンジやミカンなどのフルーツには、人間関係(にんげんかんけい)をよくするパワーがあるよ★

♥ 紅茶(こうちゃ)

相性(あいしょう)をよくしてくれるエネルギーにあふれた紅茶(こうちゃ)。カレとのキズナを深(ふか)めてくれるはず♡

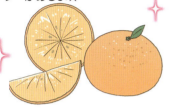

★ ナッツ

クルミやアーモンドなどのナッツ類(るい)には、新(あたら)しい出会(であ)いを運(はこ)んできてくれる効果(こうか)があるよ。

♣ 炭酸(たんさん)ジュース

勉強運(べんきょううん)をアップさせたいときは炭酸系(たんさんけい)ののみものがおすすめ。能力(のうりょく)を引(ひ)き出(だ)してくれるの★

❀ クリのデザート

クリを使(つか)ったデザート(モンブランやクリようかんなど)は、金運(きんうん)&クジ運(うん)に効果(こうか)バツグン！

Part 9 ガールズ風水

♥プチ○MA　出(で)かける前(まえ)に、指(ゆび)で左足(ひだりあし)のウラに「×」をかくと不安(ふあん)が消(き)える。

❀ ごま

ごまはとてもパワフル。悪い気をクリアにして、金運を高めてくれるパワーがあるの♪

♥ ホットミルク

夜、ねる前にホットミルクをのむと、落ちていたラブのツキを回復させてくれるよ。

★ ハーブティー

人間関係を整えてくれるハーブティー。トラブルが起きたときに、のむのがおすすめ！

❀ はちみつデザート

はちみつを使ったデザートを食べると、金運アップ！ パンケーキやヨーグルトにかけてみて！

♣ イチゴ

やる気をアップさせたいときは、エネルギーをチャージしてくれるイチゴを食べよう★

字のかき方でうらなう
ケンカしたあとの様子

ノートのかき方でうらなってね！

線からハミ出るほど大きい！
逆ギレしたり、相手を責めたり。とりあえず自分は正しい！と思う《(｀^´)》

線と線の間にかなり小さくかく！
どうしたらいいかわからなくて、1人でなやみそう。クヨクヨ(-.-;)

線と線の間にちょうどおさまってる
無視したり口をきかなくなったりして、ケンカを長引かせちゃう不器用者(-''-)

大きかったり小さかったり気まぐれ～
他のコと仲よくしながら、こっそり相手の反応を見てるよ～。チラチラ |ω･)

食べる早さでうらなう
正義感はどれくらい？

給食の時間に観察しちゃお！

▶みんなより早い
まちがったコトは許せないコ。正義感あふれる勇者！

▶ふつう
正義感はほどほど。まわりに合わせるタイプだよ。

▶みんなよりゆっくり
ときと場合によってはズルもありだよ～、と割り切れるほう。ヤバ～イ★

クラスでの役割
出席番号の1の位でうらなう

出席番号の1の位（末尾の1けた）の数字でうらなうよ！

▶0
天然ボケ？　フシギとかわいがられるトクなキャラ＼(^_^)(^_^)／

▶1
めだちたがり。クラス行事ではハデな係をやりたがったりして……。

▶2
バツグンのいやし系♡　みんなのオアシス的な存在(*´-`)

▶3
陽気なお笑いキャラ♪　ツッコミならまかせて！

▶4
ものごとに一生けん命で、信らいされてる、委員長的な存在☆

▶5
新しいモノはしっかりおさえてみんなに伝える、流行の発信源♪

▶6
勉強より"美"にこだわるファッションリーダー(￣ー￣)b

▶7
内に秘めた情熱がメラメラ。いざというときはみんなを引っぱる！

▶8
めだたないけれど発言力あり。かげのボスみたいなコ☆

▶9
たよれるアネゴ！　みんなの気持ちを1つにするよ。

♥プチOMA　恋を引き寄せるには、ピンクを身につけるのが一番イイよ♥

愛読書でうらなう
何を始めるとうまくいく？

●うらない方

好きな本を1さつ用意。マンガや雑誌でも何でもOKだよ。目をとじて、「私は、今、何をすればいいですか？」と、心でとなえながら、本を開いてみよう。開いた本の右ページのページ数を全部足して、1けたにした数でうらなうよ。

【例】164ページだったら
1＋6＋4＝11
1＋1＝2 だから 2

●診断

1……演劇、ダンス
2……テニスやバスケットなどのボールを使うスポーツ
3……図工、絵
4……陸上、体そうなどのボールを使わないスポーツ
5……詩や小説、マンガの創作
6……読書
7……うらない
8……学校以外の勉強や研究
9……コーラスや演奏などの音楽活動

ノートをパッと開いて！
今日の勝負運は？

通学中に印象に残った人は？
今日ピンチになる可能性

Part 10 口コミおもしろうらない

何のノートでもいいので

パッと開いてみて！

かいた文字はある？

もうかいてあるページ
勝負運⤵。勝負を持ちかけられたらパスして(ー^ー)/~

まだかいてない白いページ
相手が弱いと思ったときだけ勝負に出てみよう(・3・)

ちょうど今からかく予定のページ
勝てる予感！　思いっきりがんばろう♪p(^□^)q

通学中のことを思い出して

まっさきに

頭にうかんだ人は？

おじさん
ピンチ度20%。アセる可能性は低そう(^-^;

おばさん
ピンチ度30%。人の意見をよく聞いて乗り切ろう。

若い女の人
ピンチ度50%。やや注意が必要なのでおとなしくしておこう(ノ´д`)

男子高生
ピンチ度70%。用心して！何が起きてもあわてないように(=_=;)

女子高生
ピンチ度90%。……ヤバイかも。友だちにたよろう！

※その他の人ならピンチはなし！

♥プチOMA♥　銀色の紙に、自分のキライなところをかいて捨てると変われる。

ティッシュでうらなう

そのコの やさしさは!?

● うらない方

ティッシュを1枚、友だちにわたして、好きなだけ四角に折ってもらおー。

● 診断

折った数が多いほど、やさしく、少ないと冷たい。ただし、手をはなしたときにすぐに広がって元に戻ったら、ときにはビックリするぐらいクール(@_@;)

ストローでうらなう

カレができるのは ダレだ!?

● うらない方

うらないたい友だちや仲間と、紙袋入りストローを1本ずつ用意してね。まず、袋を片ほうのはしにギュッとよせて。それを机の上に置いたら、上から水を1てきたらしてみてー。

● 診断

ストローの袋が一番長くのびた(元に戻った)人が、一番先にカレができるんだよ。

手の骨さわって！
私のコト どー思ってる？

Part 10 口コミおもしろうらない

● うらない方

1 まず、左手でグーの形(にぎりこぶし)を作って、手の甲が上になるように、友だちの前にグーッと突き出してね。友だちに、あなたのグーの手の骨(指のつけねの出っぱってる骨のことだよ)のどれかに、人差し指を軽く乗っけてもらって(≧▽≦)ゞ

2 あなたはグーのまま、「山登りをしました♪少し歩いてお昼ごはんにしました♪また少し歩いてテントをはって♪山でキャンプをしました♪」ととなえてね。となえている間、友だちには人差し指で、あなたのグーの手に並んだ骨をテキトーに選んでもらってね。

3 となえ終えたとき、友だちの指があなたのグーの手のどの骨に乗っている？

● 診断

人指し指のつけねの骨……あなたのことはフツー。気にしていない。
中指のつけねの骨……あなたのことがスキ。親友だと思っているよ。
くすり指のつけねの骨……仲のいい友だちだと思っているよ。
小指のつけねの骨……ときどきニガテだと思っているかも!?

♥プチOMA♥ 左手で左耳を引っぱりながら願いをとなえると、イイことが♪

219

トランプでうらなう
カレのウワキを予言!?

🟡 うらない方

トランプを、あなたとカレのフルネームを足した数だけきり、カードを上から3枚取って、横に並べて。3枚のうち、真ん中に置いたカードのマークで、ウワキされているかどうかが、わかるんだよ〜ヽ(#ﾟДﾟ)ﾉ

🟡 診断

▶ハート♥
カレが好きなのは、あなただけ！安心してOK。

▶ダイヤ♦
ときどきウワキはするけど、カレは最後にあなたを選ぶはず。

▶クローバー♣
今はあなたに夢中みたいだけど、いつか冷めてきてウワキしちゃうかも。もっとやさしくしようね♥

▶スペード♠
ウワキの可能性大だよ。カレにピタッとくっついて観察！

教科書でうらなう
カレといいコトあるかな？

●うらない方
教科書を開いて、そのページに好きなカレの名前の文字（漢字、カタカナ、何でもOK）を探して。

●診断
全部見つかったら、ラブハプニングあり。自分の名前も全部見つかったら両思いは近い(^3^)-☆

ボタンでうらなう
今日の告白はOK？NG？

●うらない方
告白のタイミングに迷ったときは、そのときに着ている服についている「すべてのボタン」の数を数えてうらなってみて。

●診断
▶偶数（2、4、6、8、10）
GO！のサイン。いいムードになったらソッコーで告白して正解！

▶奇数（1、3、5、7、9）
残念ながらSTOPサイン。告白するとかえって気まずくなる心配があるので、今日のところはガマンしたほうがよさそう。

▶ボタンがナイ!?
遊びにさそったり、何か約束をするくらいならOK。でも、調子に乗ってついでに告白しちゃおう！なんてよくばると、カレににげられちゃうかも。

Part 10 口コミおもしろうらない

♥プチOMA♥ キラキラ光ってゆれるアイテムは、恋にも友情にもイイ効果あり。

本でうらなう

フルほう？
フラレルほう？

偶数!!
58

● うらない方

何でもいいので本を1冊用意して、友だちにわたして。そして、目をつむって、本をウラ返したり上下さかさまにしたりして、机の上に置いてもらうの。そのあと、目をとじたまま本を開き、左右どちらか好きなページを指でさしてもらおう。

● 診断

さしたのが奇数ページなら、フルほうが多いタイプ。偶数ならフラレルほうが多いタイプなんだよ～(≧▽≦)ゞ

※奇数／1、3、5、7、9
　偶数／2、4、6、8、10

ホクロでうらなう

あったらラッキー!!
ヽ(*´∇`)ノ

▶耳のホクロ
耳のホクロは金運を表わすの。大きければ大きいほどイインだよ＼(◎o◎)／

▶ひたいのホクロ
ひたいのホクロは健康と幸運のシンボル。ひたいの中心にあればサイコー！

▶あごのホクロ
あごにあるホクロはカリスマ性にめぐまれて、将来大物になる予感あり。社長も夢じゃないかも～。

▶右ほほのホクロ
右のほほにあるホクロはラブ運の強さを表わすの。とくに口に近くなるほど◎。

▶鼻のホクロ
鼻のホクロはセクシーなミリョクにめぐまれるの。オトナになるほどモテちゃうタイプヽ(=´▽`=)ノ

▶右まゆ毛のホクロ
右まゆ毛の近くにホクロがある人は、情熱的な恋愛を体験して、恋多き人生に!!

数えてうらなう
みんなの将来は!?

うらない方
うらなう相手の手首にあなたが両手の親指を当ててね。そして親指を交互に当てながら、ひじの内側のくぼみまでのぼります。
そのとき、「タ」「バ」「コ」「ヤ」「ノ」「カ」「ド」……とくり返しながら言ってのぼってね。

診断
ひじまで来たとき、どの言葉で止まった？

- タ……玉のコシ
- バ……バツイチ
- コ……国際結婚
- ヤ……ヤリ手のキャリアウーマン
- ノ……のんびり専業主婦
- カ……かけおち
- ド……独身

Part 10 口コミおもしろうらない

プチOMA　左手首に◎と♪のマークをかいてねると、夢でカレに会える。

えんぴつでうらなう
仲直りのタイミングは？

● うらない方
六角形のえんぴつのそれぞれの面に1～6までの数字をかいてね。そして、目をつむってえんぴつを転がして。サイコロがあれば、それでもOK。どの数字が出た？

● 診断
出た数字で、仲直りを切り出すラッキータイムがわかるよ！

1…朝イチがラッキー。とくに登校時間がねらいめ。
2…昼休み。とくに12時～13時がラッキー。
3…夕方。とくに放課後～下校時間にかけてがラッキー。
4…午後。とくに13時～16時がラッキー。
5…午前中。とくに10時～12時がラッキー。
6…夜。20時以降がラッキー。

Part 11 特別カード1

フランス宮廷の伝説のうらない師
ルノルマン式カードうらない

16世紀のフランス宮廷で大人気のうらない師、
マダム・ルノルマン。
カノジョをイメージして作られたのがルノルマン式カードなの。
ロマンチックな絵のオラクル（予言）カードだよ♥

LENORMAND CARD

🌹 カードがあたえるメッセージ

ルノルマンカードは、18世紀のフランス宮廷で人気のうらない師、マダム・ルノルマンにちなんで名づけられた、キレイなカードだよ。
1枚1枚のカードには神秘的なシンボルが描かれていて、その意味を知るためのキーワードがあるの。あなたもカードのキーワードから、うらないの答えを探ってみてね。

マダム・ルノルマンとは

人気のうらない師

フランス革命のあとのパリで、イチバン当たると評判のうらない師。カノジョのうらないサロンにはいつも長い行列ができ、そのころの政治家もいっぱい訪れていたんですって。中でも有名なのは、皇帝ナポレオンの妻・ジョセフィーヌ。

おどろきの予言

マダム・ルノルマンは、ナポレオンがロシアへ戦争に行って負けてしまうことや、ナポレオンとジョセフィーヌが別れることまでうらないで予言していたのだそう。そのころはだれもが「まさか」と疑ったのに、すべて当たったというからビックリ！

Part 11 ルノルマン式カードうらない

うらなう準備

① うらないは集中力が大事。テーブルの前に座り、静かに目をつむって。心が落ち着いたら、静かに目を開けて、深呼吸。

② カードをウラ向きにしてテーブルに広げ、時計回りにかきまぜる。

③ 1つの山にまとめる。

④ 自分の好きな分量で3つに分ける。

⑤ 自分の好きな順番で、また1つの山にまとめる。

準備ができたらうらないへGO!

♥プチOMA♥ 青いエンピツを月の光に当てると、勉強運アップのアイテムに。

LENORMAND CARD

2枚の組み合わせでうらなう
コンビ・スプレッド

うらない方

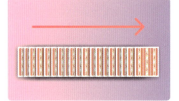

① 227ページの「うらなう準備」を したら、カードをすべらせるよ うに並べる。

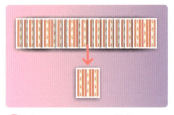

② 気になるカードを1枚引く。

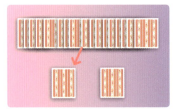

③ もう1枚引いて、②のカードの 左側に置く。

④ 2枚のカードをオモテ向きにす る。

診断 2枚のカードの読み方は、左から右へ。234ページからのカー ドの「キーワード」と「ヒント」から意味を読み取ってみてね。ピ ンとくる言葉を組み合わせて、答えを探り出すのがコツ。

診断例

質問1
仲よくなりたいコがいるんだけど……

出たカードが…

ネズミ　指輪

診断

「ネズミ」は凶カードで、キーワードは"不安""気にする""落ち着かない"など。
「指輪」のキーワードには"約束""力を合わせる""かたいキズナ"などが。
相手は不安な気持ちを持っていて、約束をしてもやぶられる可能性も。

質問2
友だちと買いものに行くの。何か起きる？

出たカードが…

道　クローバー

診断

「道」のキーワードには"運命の選択""複数""重なる""ごちゃごちゃ"が。
「クローバー」のキーワードには"思いがけないチャンス""ぐうぜん手に入れる"が。
セールなどでほり出しものがあったり、トクしたりするかも！

診断のレッスンをしよう！

「トリ」+「キツネ」
「おしゃべり」+「うそ」。人の話を信じないほうがよさそう。

「道」+「ネズミ」
「運命の選択」+「ストレス」。選べずになやんで、ほうり出しちゃいそう。

「指輪」+「山」
「約束」+「おくれる」。約束するけど、実現するのはおそいみたい。

「棺」+「イヌ」
「ものごとの終わり」+「友情」。何かが終わってから友情がめばえる。

「船」+「ヘビ」
「出かける」+「トラブル」。出かけた先でトラブルが起きそう。

Part 11 ルノルマン式カードうらない

♥ プチOMA ♥ パステルカラーには、女のコらしくなれる魔法の力があるよ。

229

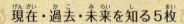

ファイブ・スプレッド

現在・過去・未来を知る5枚

うらない方

① 227ページの「うらなう準備」をしたら、カードをすべらせるように並べる。

② 気になるカードを5枚引き、図の順番でテーブルに置く。

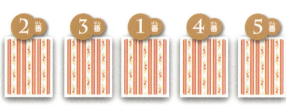

③ 並べた順番でカードを開くよ。まず真ん中のカードをオモテ向きに。次に、左側のカード2枚を順番にオモテ向きに。最後に右側のカード2枚を順番にオモテ向きにして。

カードの意味

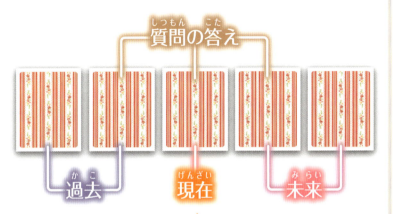

① まず質問の答えを、真ん中の3枚のカードのキーワードから探るよ。
② 次に、過去・現在・未来を表すカードを参考にしよう。原因や理由（過去）、今の状態（現在）、これからどうなるか（未来）を表すよ。真ん中の3枚のカードが表す意味と合わせて、考えてみてね。

真ん中と両どなりの3枚のカード（質問の答え）

▶ この3枚が、質問に対するカードの答えだよ。

真ん中のカード（現在）

▶ 今の状態を表すのが、この1枚。

左側2枚のカード（過去）

▶ これまではどうだったのか、この2枚が過去を示しているよ。

右側2枚のカード（未来）

▶ これからどうなるのか、この2枚が未来を示しているよ。

♥ プチOMA ♥ 自信をつけたいときには、イチゴなど赤いフルーツを食べて！

診断例1

質問 カレは私のことをどう思っているのか知りたい

出たカードが… 質問の答え
塔 / いばら / クマ / 騎士 / 山
過去 / 現在 / 未来

真ん中と両どなりの3枚のカード（質問の答え）

▶「いばら」「クマ」「騎士」…「いばら」は"怒る"、「クマ」は"パワフル"、「騎士」は"発展"。カレはあなたを怒りっぽいけど元気なコと思っていて、もっと仲よくなれたり、関係が発展したりする可能性がありそう。

真ん中のカード（現在）

▶「クマ」…"パワフル"。今のカレは積極的な気持ちになっているかも。

左側2枚のカード（過去）

▶「塔」「いばら」…「塔」は"引っこみ思案"、「いばら」は"怒る"。今までのあなたは、おくびょうな自分にイライラしていたみたい。

右側2枚のカード（未来）

▶「騎士」「山」…「騎士」は"発展"、「山」は"障害"。カレとの仲は発展するかもしれないけど、何かでジャマされる可能性もありそう。

★総合判断

▶好きなのに行動できない自分にイライラしていたあなただけど、カレには元気なコだと思われているから、仲を発展させられる可能性大。ライバルがいるかもしれないけど、思い切って一歩をふみ出して！

診断例2

質問：クラスが変わる友だちとの関係を知りたい

出たカードが…　質問の答え
星／子ども／庭園／船／手紙
過去／現在／未来

真ん中と両どなりの3枚のカード（質問の答え）

▶「子ども」「庭園」「船」…「子ども」は"ワガママ"、「庭園」は"たくさんの人と交流する"、「船」は"旅立ち"。ちがう環境で友だちが増えてワガママになることもあるけど、新しく世界を広げていくとき。

真ん中のカード（現在）

▶「庭園」…「庭園」は"たくさんの人と交流する"。今は新友ができるとき。

左側2枚のカード（過去）

▶「星」「子ども」…「星」は"理想"、「子ども」は"ワガママ"。これまでは、おたがいにワガママも言い合える、理想的な仲よし関係だったのね★

右側2枚のカード（未来）

▶「船」「手紙」…「船」は"旅立ち"、「手紙」は"お礼"。これからはそれぞれが新しい環境に旅立つけど、感しゃの気持ちを持ち続けるよ。

★ 総合判断

▶何でも言い合える友だち。とても楽しい関係だったけど、おたがいに新友ができて少しずつ変わっていくかも。でもこれからも相手を大切に思う気持ちはいっしょだよ★　クラスが変わっても仲よくしよう！

Part 11 ルノルマン式カードうらない

♥プチOMA♥　じょうぎと三角じょうぎを、机の右側にしまうとねむけが飛ぶ。

LENORMAND CARD

ルノルマン式カード34枚の意味

カードの見方

風を巻き起こす
騎士
騎士

キーワード　KEY WORDS
チャンス、前進、よい知らせ、新しい出会い、新たな展開、発展、乗りもの、配達人、活発な人、スタイルのいい人、清潔な人、ひざ、足首

ヒント　HINT
状況が速いペースで変化。新しい知らせや出会いによって、次のステップへ上がれそう。となりに「凶」のカードがある場合は、ニガテな変化やイヤな知らせが入る可能性も。

キーワード
カードの意味。いくつものキーワードがあるから、ピンときたものを選んで。

ヒント
実際にどんな意味になりやすいかを解説したもの。

 このマークがついているカードが出たら、「その意味に注意して、用心しなさい」という意味だよ。えいきょう力が強いので、となりのカードの意味を変えてしまうことも。いい意味のカードのとなりに出たら、いい意味と反対のことが起きる場合が多いの。「凶」のカード同士が並ぶ場合、意味は変わらないので、そのまま。

234

風を巻き起こす 騎士

騎士

キーワード KEY WORDS

チャンス、前進、よい知らせ、新しい出会い、新たな展開、発展、乗りもの、配達人、活発な人、スタイルのいい人、清潔な人、ひざ、足首

ヒント HINT

状況が速いペースで変化。新しい知らせや出会いによって、次のステップへ上がれそう。となりに「凶」のカードがある場合は、ニガテな変化やイヤな知らせが入る可能性も。

幸せを呼ぶ クローバー

クローバー

キーワード KEY WORDS

ラッキーなハプニング、思いがけないチャンス、うれしいサプライズ、ぐうぜん手に入れる、新しい楽しみ、トクイ分野、楽天的、お守り、くじ

ヒント HINT

思いがけない幸運にめぐまれるよ。期待していなかったとしても、意外な展開でチャンスがありそう。となりに「凶」のカードがある場合は、キケンなかけや無責任さを表すことも。

♥ プチOMA ♥ おフロには左足で入って左足で出ると、だんだん運がよくなる。

LENORMAND CARD

波に乗って進む
船

船

キーワード　KEY WORDS

出かける、移動する、引っ越し、旅立ち、旅行、国際的な活動、海外、外国、外国人、旅行者、運転手、駅、港、空港、ボート、船

ヒント　HINT

未知の世界に向けて旅立つことを表すよ。なれた環境からはなれ、知らなかったものごとにふれることに。となりに「凶」のカードがある場合は、にげられない、とじこもる、の意味に。

緑に囲まれた
家

家

キーワード　KEY WORDS

家、家庭、家族、財産、不動産、プライベート、安定、安心、満足、満ち足りた生活、小さなビル、土台、ホームベース、気持ちのいい場所

ヒント　HINT

安心と安定を意味し、家や家族、プライベートで起きることを表すよ。財産に関することかも。となりに「凶」のカードがある場合は、家庭内にトラブルが起きるかもしれないので注意して。

大地に根ざす

木

キーワード　KEY WORDS

健康、生命力、体力、エネルギー、神秘的な体験、長く続く、先祖との結びつき、ルーツを知る、親せき、ソウルメイト、木、林、森

ヒント　HINT

健康や体力に関することを表すよ。先祖のたましい、過去世からの予感など霊感が強くなることも。となりに「凶」のカードがある場合は、健康状態の不調や体力不足になるサインなので注意。

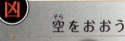

空をおおう　【凶】

雲

キーワード　KEY WORDS

混乱する、あいまい、複雑になる、うそ、むじゅんがある、不安定、迷いが生まれる、ジャマが入る、けむり、におい、ペアのもの、二重、気分屋

ヒント　HINT

変わりやすい状況。このカードの右に並んだカードは「これから近づく困難」を表し、左に並んだカードは「遠ざかる困難」を表すよ。となりに「凶」のカードでも意味は同じ。

LENORMAND CARD

凶　身をひそめる

ヘビ

ヘビ

キーワード KEY WORDS

にせもの、悪だくみ、シット、悪口、うらぎり、ズルいおこない、トラブル、ルールをやぶる、ウラオモテがある人、知的な女性、身近な女性

ヒント HINT

身近な人のうらぎりにあうかも。だれかの悪口でなやまされることも。女性、母、姉妹、知的な女性を表している場合も。直感で判断すること。「凶」のカードのとなりでも意味は変わらないよ。

永遠の安らぎ

棺（ひつぎ）

棺（ひつぎ）

キーワード KEY WORDS

大きな変化、卒業や引退、ものごとの終わり、すべて完了、ゼロに戻る、一からやり直す、解放される、病気、ベッド、箱、地下、消極的な人

ヒント HINT

区切りをむかえてものごとが終了し、新しい段階に移るよ。変化とともに考え方も変わりそう。となりに「凶」のカードがある場合は逆に、変わらない、終わらないという意味になるよ。

華やかな
花たば

キーワード KEY WORDS

喜び、楽しみ、幸福、願いがかなう、祝福、満足、回復する、いやし、ミリョクがアップ、キレイ、愛、おくりもの、コスメ、アクセ、髪、笑顔

ヒント HINT

うれしい出来事が起こりそう。うまくいかなかったこともスムーズに。祝福される可能性も高いよ。となりに「凶」のカードがある場合は、期待ががっかりに変わる出来事が起きるかも。

ふりおろされる
剣

キーワード KEY WORDS

キケン、アクシデント、別れる、拒否される、こわれる、ケガ、冷たい、判断をくだす、頭のいい人、決断力のある人、刃物、針、口、歯

ヒント HINT

突然のしょうげきがあるかも。またはクールな判断と強い意志で最終的な決定をすることも。口の中のトラブル、虫歯になるという可能性も。となりが「凶」のカードなら、判断ミスをしそう。

― プチOMA ― 青いリボンかヒモに7つの結び目を作ると、恋を引き寄せるよ。

LENORMAND CARD

トゲがささる
いばら

いばら

キーワード / KEY WORDS

ケンカ、ぶつかり合う、怒る、乱ぼう、力づくでおこなう、短気、ライバル、敵、モンクを言う、とりこになる、スポーツ、アスリート、筋肉

ヒント / HINT

ガマンができなくなり、ケンカするかも。身近な人とのトラブルも。何か夢中になる出来事、スポーツに関する出来事を表していることも。となりが「凶」のカードなら、ものごとのおくれ。

さえずる
トリ

トリ

キーワード / KEY WORDS

おしゃべり、うわさ、口コミ、電話、人前で話す、話し合いをする、グループで行動する、インタビュー、質問する、デート、ふたご、音楽

ヒント / HINT

会話やコミュニケーションを表すよ。話すことが重要なカギ。2羽のトリは、親友やきょうだいを示していることも。となりに「凶」のカードがある場合は、言葉によるトラブルに注意して！

むじゃきに遊ぶ
子ども

子ども

キーワード / KEY WORDS

赤ちゃん、子ども、幼い、若い、ピュア、むじゃき、フレッシュ、気まぐれ、ワガママ、無責任、小さいもの、カワイイもの、新しいもの、胸

ヒント / HINT

子どもや幼いころのことを表すよ。純粋な思い、新しく始まったばかりのものごとを示すことも。となりに「凶」のカードがある場合は、キズつけられる、本心を疑われるという意味に。

用心深い
キツネ

キツネ

キーワード / KEY WORDS

日常、決まりごと、生活、しんちょうになる、よく考える、けいかいする、人見知り、うそ、だます、ワナをはる、口がうまい人、スパイ、鼻

ヒント / HINT

用心深く本心をかくして行動したほうがよさそう。身近な人が何かをかくしているかも。となりに「凶」のカードがある場合は、だれかのうそでだまされる可能性があるので注意して!!

♥プチOMA♥ 仲直りのじゅもんは、10まで数えて「ふるべゆらゆら」だよ。

豊かな山の クマ

クマ

キーワード / KEY WORDS

お金、貯金、どっしりと安定、パワフル、ボス、支配する、栄養がある、太る、アレルギー、めんどう見のいい人、がっしりした身体、保護者

ヒント / HINT

ものごとを積極的に進められるよ。力を持つ人や守ってくれる人を表すことも。となりに「凶」のカードがある場合は、お金をなくしたり、やせたり、弱気になってクヨクヨしたりするかも。

旅人をみちびく 星

星

キーワード / KEY WORDS

未来への希望、夢、願い、理想、想像力、よいきざし、新たな前進、人気、有名人、カリスマ、リーダー、光るもの、電気、宇宙、肌

ヒント / HINT

未来へかがやく道を表しているよ。夢に向かって一歩前進できそう。周囲からのサポートや応えんも期待できるはず。となりに「凶」のカードがある場合は、想像するだけで終わる可能性も。

Part 11 ルノルマン式カードうらない

大きく羽ばたく
コウノトリ

コウノトリ

キーワード KEY WORDS

よい変化、おくりものを受け取る、改良する、進歩、幸運が訪れる、新しく誕生する、栄える、移り変わる、飛行機、元に戻る、仲がいい、足

ヒント HINT

今いる場所にとどまらず、新しい環境に移る。となりのカードが人物の絵なら、近いうちに引っ越すサイン。となりに「凶」のカードがある場合は、ものごとがストップするということ。

かしこく忠実な
イヌ

イヌ

キーワード KEY WORDS

友情、友だち、親友、信らい、親しくなる、関係を築く、助けてくれる、つき合う、正直、誠実、やさしい、あたたかい心、ソウルメイト、味

ヒント HINT

誠実で信らいできる友だちを表すよ。たよりになる人と親しくなれそう。となりに「凶」のカードがある場合は、うそつきの友だちを指しているよ。うらぎりにあうかもしれないので、注意！

♥プチOMA♥ 使った教科書をパラパラめくりながら並べると忘れもの防止に。

LENORMAND CARD

高くそびえる
塔(とう)

塔(とう)

キーワード KEY WORDS

保護される、閉じこめられる、閉じこもる、引っこみ思案、伝統、教会、病院、銀行、役所、長生き、がんじょう、高い、背が高い、長い、背中

ヒント HINT

自分だけの世界を守りたいと願っているみたい。守られたいという思いも強く、新しいことに対しておくびょうになっているかも。となりに「凶」のカードがある場合は、病気に注意して。

美しく整った
庭園(ていえん)

庭園(ていえん)

キーワード KEY WORDS

たくさんの人と交流する、集まる、協力する、祝う、参加、大勢、にぎやか、ネットワーク、SNS、パーティー、イベント、テーマパーク、公園

ヒント HINT

ステキな人たちの集まりに参加したり、注目されたりしそう。となりが人物の絵のカードなら、友だちが増えるよ。となりに「凶」のカードがある場合は、だまそうと近づいてくる人に注意！

立ちはだかる 山

キーワード KEY WORDS

おくれる、行き止まり、障害、引き返す、否定する、ハードルが高い、動かない、ガマン、静か、ちんもく、無関心、協力しない、ドライな人、頭

ヒント HINT

ジャマが入って、一歩も進めなくなる。予定や計画はおくれそう。しんぼう強く変化を待つか、他の方法を探して。無関心な態度を表すことも。となりが「凶」のカードなら、うわさ話に注意。

運命が分かれる 道

キーワード KEY WORDS

いくつもの可能性、運命の選択、決断、複数、重なる、多種多様、ごちゃごちゃ、さまざまな方向からながめる、ウワキ、かけひきをする人

ヒント HINT

複数の中からどれを選ぶのか、すぐ決断することになりそう。ものごとが複雑にからみ合い、迷っている状況を表すことも。となりに「凶」のカードがある場合は、選ばず、にげることに……。

プチOMA 丸くて水玉もようのヘアアクセは、金運を上げるアイテムだよ。

LENORMAND CARD

凶 暗い穴の中の ネズミ

ネズミ

キーワード KEY WORDS

ストレス、不安、悲しみ、気にする、つかれる、働きすぎる、ソンをする、ぬすむ、お金を使う、くさる、落ち着かない、ジメジメする、すき間

ヒント HINT

心も身体もつかれて、ストレスがたまりそう。かくれていたトラブルが見つかる可能性もあるよ。解決するためにお金を使うことになるかも。「凶」のカードのとなりでも意味は変わらないよ。

喜びにふるえる ハート

ハート

キーワード KEY WORDS

愛、情熱、やさしさ、親切、広い心、調和、つくす、恋人、結びつき、盛り上がる、幸福、満足、お気に入り、感動、心がふるえる体験、最高の喜び

ヒント HINT

友情、愛情、家族愛、すべての愛を表すよ。新たな恋の予感も。シュミでいいことがありそう。強力な幸運を持つカードなので、たとえとなりに「凶」のカードがきても、悪い影響を消せるよ。

キズナをちかう
指輪(ゆびわ)

指輪(ゆびわ)

キーワード / KEY WORDS

約束、契約、キズナ、力を合わせる、結論、解決、答えを出す、完成、かたい結びつき、プロポーズ、結婚、輪、円、丸、ジュエリー、一流品

ヒント / HINT

輪は完全を意味し、ものごとの完成や問題の解決を示すの。困っていたことが解決してスッキリ。かたい約束を交わすことも。となりに「凶」のカードがある場合は、約束がやぶられるかも。

秘密が記された
本(ほん)

本(ほん)

キーワード / KEY WORDS

勉強、知識、教える、発見、調べる、研究、秘密を知る、興味や関心を持つ、記憶する、計画、文章をかく、かくされた情報、真実を知る、本屋

ヒント / HINT

真実を探り当てそう。新たな事実を発見することも。「かく」ことにかかわりがあるので、作文や物語をかいてほめられるチャンスも。となりに「凶」のカードがある場合は、秘密がバレるかも。

♥プチOMA♥　葉っぱのもようのしおりを教科書にはさむと、勉強運がアップ。

風が運ぶ 手紙

手紙

キーワード / KEY WORDS

手紙、メール、メッセージ、記録する、知らせ、情報、本、雑誌、書類、願いごと、たのみ、資格、賞状、賞を取る、お札、郵便局、指

ヒント / HINT

手紙やメールで大事な知らせを受け取るかも。本や雑誌からステキな情報をキャッチ。となりに「凶」のカードがある場合は、まちがった情報や、めんどうなお願いごとで、なやまされるかも。

谷間にさく ユリ

ユリ

キーワード / KEY WORDS

知恵、かしこい、完成、完了、満足な結果、平和、安らぎ、花開く、強い愛情、とりこにする、香り、豊か、家族、年上の人、目、耳、老人

ヒント / HINT

時間をかけてゆっくりと花開く様子を表すよ。何かを成しとげたあとの安心も。経験豊かな年上の人とかかわるとラッキー。となりに「凶」のカードがある場合は、ものごとが失敗するかも。

大地を照らす
太陽

キーワード KEY WORDS

成功、勝利、注目される、有名、力強い、男っぽい、カリスマ、プライドが高い、自分勝手、熱、自信、パワー、希望がかなう、夏、昼間

ヒント HINT

望むものを勝ち取れるよ。計画は成功しそう。情熱と勇気で困難を乗りこえ、パワフルに活やくできるとき。となりに「凶」のカードがある場合は、悪い意味でめだって、浮いてしまいそう。

太陽

Part 11 ルノルマン式カードうらない

夜空にうかぶ
月

キーワード KEY WORDS

直感、豊かな感覚、センス、クリエイティブ、アート、ファンタジー、ミリョク、ロマンチックな夢、人気、流行、評判が高まる、夕方、夜

ヒント HINT

感覚がみがかれ、直感がさえるとき。ロマンチックな出来事が起こる可能性も。センスがよくなり、注目されそう。となりに「凶」のカードがある場合は、心配な出来事が起きるかも。

月

♥プチOMA　両足のウラに赤ペンで小さな矢印をかくと、実力をハッキできる。

LENORMAND CARD

とびらを開(ひら)く

カギ

カギ

キーワード KEY WORDS

安全(あんぜん)、安心(あんしん)、確実(かくじつ)、解決(かいけつ)する、いいアイデアがうかぶ、切(き)り札(ふだ)、ヒント、実現(じつげん)する、キセキ的(てき)な成功(せいこう)、セキュリティ、パスワード、使命(しめい)、たましい

ヒント HINT

問題(もんだい)を解決(かいけつ)するヒントを発見(はっけん)しそう。不思議(ふしぎ)な運命(うんめい)にみちびかれるかも。しっかり守(まも)られて、安心(あんしん)する出来事(できごと)も。となりに「凶(きょう)」のカードがある場合(ばあい)は、大事(だいじ)なものをなくすおそれが。

海(うみ)をめぐる

サカナ

サカナ

キーワード KEY WORDS

財産(ざいさん)、お金(かね)、お金持(かねも)ち、自分(じぶん)のものになる、取引(とりひき)する、売(う)ったり買(か)ったりする、自立(じりつ)、独立(どくりつ)、トイレ、川(かわ)、湖(みずうみ)、海(うみ)、水族館(すいぞくかん)、シーフード

ヒント HINT

成功(せいこう)してお金(かね)をつかむ予感(よかん)。ものごとを自分(じぶん)1人(ひとり)の力(ちから)で成(な)しとげられそう。宝物(たからもの)が増(ふ)えるかも。となりに「凶(きょう)」のカードがある場合(ばあい)は、お金(かね)でソンをしたり、宝物(たからもの)をなくしたりすることも。

つなぎとめる

いかり

いかり

キーワード　KEY WORDS

安定、続く、ガマン、長い計画、先の目標、しっかり結びつく、自分の場所を決める、役割が決まる、最初から最後まで意見を変えない、おしり

ヒント　HINT

長い時間をかけて取り組むことで、目標を達成できるはず。一度決めたことを強い意志でやりとげるとき。となりに「凶」のカードがある場合は、状況が変わりやすく、不安になるかも。

Part 11 ルノルマン式カードうらない

凶　困難を背負う

十字架

十字架

キーワード　KEY WORDS

苦労、困難、苦しみ、いたみ、心配、なやみ、不調、信じられなくなる、自分を責める、後かいする、いのる、終わる、のがれられない、腰

ヒント　HINT

解決しない問題でなやみ、やらなければよかったと反省することになるかも。不安が多く、それがストレスになりそう。体調不良のおそれも。「凶」カードのとなりでも意味は変わらないよ。

♥ プチOMA ♥　「にんにく」と言いながら探すと、なくしたものが出てくるよ。

LENORMAND CARD

ルノルマン式カードのおまじない 願いがかなう魔法円

ルノルマン式カードはオラクル（予言）カードの1つ。キーワードを組み合わせて、願いごとが実現する「予言」を作り上げちゃおう。さらに願いに強力なエネルギーをあたえるのが、魔法円と呼ばれる図形。ここでは聖なる五角形を使うよ★

用意するもの

▶好きなキーワード（願いごと）のカード5枚
▶白い糸、テープ
▶むらさき色のハンカチ

やり方

① 部屋の床に、糸で大きめの星形を作る。ゆがまないように、角をテープで止めて。

② 5枚のカードを図の位置にオモテ向きに置くよ。

←ここにカード

③ 星形の真ん中に立ち、心の中で願いごとをとなえる。

④ 使った糸を片づける。カードをむらさき色のハンカチに包んで、一晩、人に見られないように、しまう。

これであなたの願いはかなえられるよ！

妖精と魔法の世界の住人「ケルトの民」

古代ヨーロッパのケルト民の別名は「まぼろしの民」。国を作らず、文書を残さず、言葉や記号で伝え合う、ナゾめいた民族だったの。他の民族から「木の賢者」「大いなる知恵を持つ者」と呼ばれていたケルトの神官たちは、妖精に教わって、不思議な薬と魔法を使っていたんですって。ケルトに伝わる神話には、妖精や魔法使いがいっぱい！

Part 12 オガムカードうらない

自然界の精霊と力を信じてくらすケルト民

自然を愛し、自然とともにくらしたケルト民は、自然界の精霊の力を信じていたの。とくに豊かな森を作って生きものを育てる「樹木」を大切にし、それぞれの個性を見きわめて、枝や木の皮、葉、花、実から薬を作りだしていたんですって。自分と宿命的に相性のいい木は、特別な守護樹として大切にしたよ。

ケルトの神官に伝わる秘密の文字「オガム」

オガムは、ケルトの神官だけが使う秘密の文字。文字そのものに魔力があるので、木や石にきざんで、うらないやおまじないに使っていたよ。オガム文字で代表的なのは「木のオガム」。すべての文字が木の名前と対応していて、文字に木の魔力があるため、強力なお守りに。また「木のオガム」をきざんだ枝は、現代のカードうらないのように使っていたみたい。

プチOMA　水玉がらと花がらには、やさしさをあたえる効果があるよ。

255

あなたの守護樹を見つけよう！
守護樹うらない

自然とともに生きるケルトは、1年を「13の木の月」に分けたカレンダーを作っていたの。そして私たちが知っている星うらないのように、誕生日から13の性格に分けてうらなう「守護樹うらない」をしていたよ。

うらない方

表を見て、自分の誕生日から守護樹を見つけてね。

誕生日	守護樹
12月24日〜1月20日	シラカバ
1月21日〜2月17日	ナナカマド
2月18日〜3月17日	トネリコ
3月18日〜4月14日	ハンノキ
4月15日〜5月12日	ヤナギ
5月13日〜6月9日	サンザシ
6月10日〜7月7日	オーク
7月8日〜8月4日	ヒイラギ
8月5日〜9月1日	ハシバミ
9月2日〜9月29日	ブドウ
9月30日〜10月27日	アイビー
10月28日〜11月24日	エニシダ
11月25日〜12月23日	ニワトコ

シラカバ

伝説
優美でしなやかな白い木。木の枝は、古い過去を水に流すための儀式に使われていたよ。オガム文字が最初にきざまれたのは、このシラカバの樹の皮だったという話も。

Part 12 オガムカードうらない

性質

パワフルで負けずギライな守護樹

森の中でイチバン早く芽を出すのがシラカバ。このシラカバを守護樹とするあなたは、負けずギライで、競争になったらトップをめざす人。いつでも人よりちょっと先に知りたいし、先に動きたいと思っているよ。そのため目標を見つけるのが早いの。

弱点

過去のことを忘れないので、イヤな出来事を何度も思い出してはクヨクヨしちゃう。キズつけられると、立ち直るのに時間がかかるの。いつまでもなやまなくていいのよ。

守護樹が授ける力
シラカバは、新しい始まりと誕生をつかさどる木。新しい道を進んだり、新しいものを生み出したりするときに、最初の一歩をふみ出す勇気を授けてくれるよ。

♥ プチOMA　ダイエットでくじけそうになったら、空中にPマークをかいて。　257

ナナカマド

伝説
背が高く優雅な木で、「山の淑女」と呼ばれるの。安全をもたらす木として知られ、家の前にナナカマドの杖が魔よけとして置かれたり、夜の森を歩くときのステッキになったり。

性質

先をうらなう神秘的な力を持つ守護樹

魔法使いがうらないに使うのがナナカマドの枝。この木を守護樹とするあなたは、強い信念を持つ自信家。失敗をおそれず前へ進み、ものごとを成しとげる情熱を持っているよ。神秘的なインスピレーションにめぐまれているので、直感もするどいの。

弱点

ひらめきで動くタイプだから、ものごとを観察するのがニガテ。どんなことにも見えない部分や、ふれないほうがいいこともあるから、発言する前に頭で考えるようにすると◎。

守護樹が授ける力
予感や予知の感覚をあたえてくれるナナカマド。かくされたワナやトラブルから脱出するアイデアと力、何度でもチャレンジする勇気を授けてくれるよ。

トネリコ

伝説 北欧神話では世界の中心にあるのは巨大樹・ユグドラシル。それがトネリコの木。水に対抗する力があるため、船乗りが魔よけのために、この木の枝や杖を身につけていたの。

Part 12 オガムカードうらない

性質

気高いたましいで正義をつらぬく守護樹

雷を呼び、海を支配すると言われるトネリコ。この木を守護樹とするあなたは、正義感が強く、まちがったことはゼッタイ許さない、正直なたましいを持っているの。グングン生長するトネリコのように、前へ進む積極性を持っているよ。

弱点

一本気な性格のため感情がはげしく、いったん頭にくるとおさえられなくなることも。自分でもわかっているから、ストレスに……。細かいことにこだわらないようにしようね。

守護樹が授ける力

トネリコは豊かさをあたえ、発展させる木。この木は金運を守ってくれるよ。たとえばムダ使いをへらしたり、おこづかいのピンチを助けてくれたりしてくれるの。

♥ プチOMA ♥ 人に見られないように、好きな人の机にタッチできたら恋運↑

259

ハンノキ

ハンノキ

伝説
ハンノキは妖精の国に通じる道のシンボルの木。オノで切ると、切り口がみるみる赤くなるのは、妖精を怒らせたからだとか。ハンノキと妖精のキズナはとても強いということ。

性質

妖精のように好奇心おうせいな守護樹

春一番に花を咲かせるハンノキ。ハンノキを守護樹とするあなたは、好奇心が強く、いろいろなものに首をつっこみたい性格。楽天的でこわいもの知らずで、元気だよ。困難なことがあってもクヨクヨ落ちこまず、それを乗りこえる強さを持った人。

守護樹が授ける力

復活のエネルギーをあたえてくれるハンノキ。何かで失敗しても、やり直すチャンスをくれるの。うそを見やぶる力もあたえてくれるので、人を見る目がアップ

弱点

パワフルで勇気があるのに、意外にも自分に自信を持てず、気持ちを伝えるのがニガテ。無意識に本音をおさえてしまうクセがあるの。人の言いなりになってばかりでは×だよ。

ヤナギ

伝説　風にゆれる、しなやかな枝のヤナギは、水を好み、根は地下の水脈に向かって長くのびるよ。その神秘性から、ケルトの民はヤナギの近くにいると、霊感が高まると考えていたの。

Part 12 オガムカードうらない

性質

しなやかで変化を
おそれない守護樹

しなやかでありながら折れない強さを持ち、やわらかくて優雅なヤナギ。この木を守護樹とするあなたは、変化に身をまかせて生きる人。自然とふれ合い、山や海などの自然の中で過ごすことでエネルギーをチャージ。男女問わずに夢見がちなタイプ。

弱点

楽しそうなことやラクにできそうなことに目が向きがちで、気まぐれに。何か１つに決められない、あいまいな面があるかも。想像するだけでなく、実際に行動してみると◎。

守護樹が授ける力

心のいたみを消す力を持っているヤナギ。人にキズつけられることがあっても、立ち直れるようにダメージをいやしてくれるよ。悲しい気持ちをやわらげてくれるの。

💛 プチOMA 💛　教室に入るときに両手をギュッとにぎると、ラッキーなことが。

サンザシ

伝説
ケルトの民に「魔女の木」「妖精に守られた木」と呼ばれている特別な木。妖精たちが住む井戸や泉のまわりに、植えられていたのだそう。今でも古代ケルトの遺跡を守っているよ。

性質

永遠に年を取らない妖精に愛される守護樹

妖精に守られたサンザシは、妖精のように永遠にピュアで年を取らない、むじゃきさのシンボル。そんなサンザシを守護樹とするあなたは、清らかなたましいを持っている人。楽しいアイデアやワクワクするシゲキを求めて、身軽に飛び回るタイプだよ。

守護樹が授ける力

ストレスや人からのシット、悪意をはね返す力を持つサンザシ。争いをなくすために、人の中のイジワルな気持ちを消し、あなたの心を守るためのシールドをはるよ。

弱点

軽くて、気配りに欠けるところが弱点。つい口がすべったり、ゴカイをあたえる発言をしたりしがち。人の意見に左右されることも。自分の頭で考えて、意見を持とうね。

オーク

伝説
「森の王」と呼ばれるオークは、世界の始まりとともに生まれた、不死の木と考えられていたの。オークが生長するには長い年月が必要で、樹齢が1000年をこえるものもあるくらい。

Part 12 オガムカードうらない

性質

世界を支える森の王と呼ばれる守護樹

世界を支え、ケルト民の知恵のルーツとされる神聖なオーク。この木を守護樹とするあなたは、理想が高く、夢をかなえる力を持っている人。リーダー役をたのまれやすく、まわりからたよられることも多いはず。おおらかさもミリョクの1つ。

弱点

思い描く理想と現実のちがいが、ストレスになりそう。人間関係ではうまくキョリを取れないタイプ。人にふり回されず、自分の心の声に耳をかたむけることで、自信がつくはず。

守護樹が授ける力
成長と知恵を授けるのがオークの力。自分の信念を曲げず、堂々と正しく力を使うことで、成功にみちびく手助けをしてくれるよ。最後に勝利をあたえる守護樹。

💟 プチOMA 💟 イイことがあったら、トイレの鏡に自分の顔をうつすと幸運♪

ヒイラギ

伝説
オークとともに「森の王」とされる聖なる木。するどい葉を持つヒイラギは、悪魔をよせつけないので、妖精の国の守護樹でもあるの。ケルトの民も家の戸や窓にかざっていたよ。

性質

オークとともに妖精の国を守る守護樹

悪いものから身を守る、がんじょうで強い木。ヒイラギを守護樹とするあなたは、一見おとなしく、のんびりしているけれど、大きな力で人を包みこみ、まわりを元気にする人。かんじんなときに一番たよりになるので、心から信らいされているはず。

守護樹が授ける力

ヒイラギはチャレンジをサポートする木。困難にめげず、目標に向かって前進する強い意志をあたえてくれるよ。成功を信じる人に、ツキと幸運を授けてくれるの。

弱点

人を守ろうとする気持ちはすばらしいけど、指図したり、いばったりするのは×だよ。意見がぶつかったときにショックを受けて、相手を許せないと思っちゃうところも注意して。

ハシバミ

伝説 ケルトの民は、ハシバミのしげみに賢人たちのすべての知恵が集められ、実に知識がつまっていると考えたの。別名「詩人の木」。枝は地中の水脈や鉱脈を探すダウジングで使うよ。

性質

知恵を育て芸術を愛する守護樹

知恵を表す木がハシバミ。ハシバミを守護樹とするあなたは、理性があり、人の意見を聞くのも自分の考えを話すのも好き。さらに文章をかく能力や美的センスにもめぐまれている、アーティストタイプが多いよ。直感力にすぐれ、カンがするどい人。

弱点

直感がするどい分、つねに自分が正しいと思いこみやすい点に注意しよう。人の意見を受け入れているようで、じつはガンコに自分を変えない点もあるから、気をつけようね。

守護樹が授ける力

直感力をあたえてくれる守護樹。ベストなパートナーを選んだり、ラッキーを引き寄せたりしてくれる力を授けるよ。迷いが生まれたら、ひらめきを信じるのが正解。

Part 12 オガムカードうらない

♥プチOMA♥ ケンカしたときは、さりげなくそうじ道具にさわると仲直り。

ブドウ

伝説
ケルトの民と妖精の大好物、ワインを生み出す木。新たな命の誕生を祝う儀式では、新しいワインが欠かせなかったの。そのため、ブドウの木は「喜びの木」と呼ばれるよ。

性質

大きな実りと楽しみをくれる守護樹

人々を楽しませる大きな実りを表すブドウ。このブドウを守護樹とするあなたは、自分のことより先に相手のことを考えられる人。だれとでも公平につき合える、バランス感覚も才能の1つ。意見を求められることが多く、相談相手として人気だよ。

弱点

自分の感情をおさえてしまい、後かいすることが……。去った人や終わったことはいつまでも考えないで。するべきことをしたら、あとは自分自身の楽しみを優先しよう。

守護樹が授ける力

喜びと幸福をもたらす守護樹。毎日を楽しむための手助けをしてくれるよ。どんなときでも、ハッピーになれるヒントを見つける、前向きな見方をあたえてくれるよ。

Part 12 オガムカードうらない

アイビー

伝説
ケルトの民は、アイビーは5つの小さな葉が集まって1枚になったと考えていたよ。そこには「誕生」「始まり」「愛」「休息」「死」という名の5人の女神が住んでいるのだそうよ。

性質

どこにいてもみんなに愛される守護樹

岩や大木に巻きつきながら、どんなに厳しい環境でもすくすく育つアイビー。この木を守護樹とするあなたは、友情に厚く、親しみやすい性格で、多くの人に囲まれるはず。何か問題が起きたときには、真っ先に自分のおこないを見つめ直すのも長所。

弱点

1人で何かをすることに不安を持ちやすく、つねに支えてくれる相手を求めがち。未来がどうなるのかを心配しすぎるところも。もっと自分自身を信じて、勇気を持とうね。

守護樹が授ける力
協力する気持ちとキズナを育てる守護樹。あなたに友情の力をあたえ、みんなをあたたかい気持ちにしてくれるはず。あなたの人間関係をスムーズにする手助けも。

❤プチOMA❤ フルーツのタネはお守りになるから、かわかして持って。

エニシダ

伝説
ケルトと妖精の国では、エニシダは「春を呼ぶ木」と呼ばれるよ。あまい香りをはなつ金色の花には光の神が住み、暖かい太陽を呼んで、寒い冬を終わらせると考えていたの。

性質

まぶしい光をまとい春を呼ぶ守護樹

光を集めてまわりを照らすエニシダ。このエニシダを守護樹とするあなたは、とてもエネルギッシュ。自分が何をしたいかという目的をしっかり持っているはず。不安な想像をしない楽天家で、決断も早く、胸に秘めた夢が大きいのも特ちょうだよ。

守護樹が授ける力

帰る場所や家、ホームベースを表す守護樹。自分にとっての安らぎが何なのかを思い出させてくれるの。あなたがリラックスできる環境を授けてくれるよ。

弱点

他の人の意見にまどわされることが多いのが弱点。自分が何を達成しようとしているのか、そのためには何をするべきかを忘れないようにしよう。迷ったら自分の心に聞いてね。

Part 12 オガムカードうらない

ニワトコ

伝説
古い枝がかれても、すぐ新しい枝がのびるから、「再生の木」。ケルトでは「おとめ」「母」「魔女」と変化する木と考えられたよ。この木の下でねむると妖精に連れ去られる伝説も。

性質

力強くよみがえる再生の力を持つ守護樹

何度切りたおされても力強く生き返るニワトコ。この木を守護樹とするあなたは、どんな困難にもくじけずに突き進む人。終わったことにクヨクヨしないで、おおらかにマイペースで歩んでいくよ。いろいろな体験をすることが何よりの喜びに。

守護樹が授ける力

完成と新しいステージを表す守護樹。あなたがステップアップできるように力を授けるよ。そのために「終わらせたほうがいいこと」にも、気づかせてくれるの。

弱点

興味がないものでも、いったん手に入れると手放したくなくて、ガンコになる面も。ものごとの区切りや終わりを自分自身で決断できるようになると、もっと強くなれるはず。

♥ プチOMA ♥ 親友がほしいなら、毎日グリーンのアイテムを身につけると◎。

オガムカードを使ったうらない ①

1枚のカードでうらなう

ワン・オガム・リーディング

何をうらないたい場合にも使える、カンタンで便利な1枚うらない★　たとえば「クラブ活動は続けたほうがいい？」「カレは私に興味を持っている？」「友だちと遊びにいくと盛り上がる？」など。「今日の私の運勢は？」と、毎朝1枚引いてみるのもいいね！

✿✿✿✿✿✿✿ うらない方 ✿✿✿✿✿✿✿

1 227ページの「うらなう準備」をしたら、カードをすべらせるように並べる。

2 気になるカードを1枚引く。

✿✿✿✿✿✿✿ 診断 ✿✿✿✿✿✿✿

274ページからの
「カードの意味」「メッセージ」を参考に、読み取ってみてね。

診断例

質問
友だちとケンカした。どうしたらいい？

出たカードが…

サンザシ

カードの意味
- 素直になる
- 縁を広げる
- 幸せな恋をする

診断

これから先も楽しい関係を作れそうなら、あなたから素直にあやまったほうがよさそう。でもこの関係を終わらせたいと思うなら、新しい出会いを待ったほうがいいかも。

質問
ペットをかいたいけど、家族は許してくれる？

出たカードが…

ブドウ

カードの意味
- リラックスする
- 個性を生かす
- センスがみがかれる

診断

あきらめたりこわがったりしないで、肩の力をぬいて、笑顔で家族に相談してみるべき。自分の気持ちを押しつけたり、OKをもらうためにウソをついたりするのはNGだよ。

♥ プチOMA ♥　やり直したいことがあれば、レモンを食べるとチャンスが来る。

オガムカードを使ったうらない②

未来を読み取る
フォーチュン・リーディング

これから先の流れをうらなうよ。4枚のカードを使って、1ヵ月ごとに4ヵ月分をうらなったり、3ヵ月後・半年後・9ヵ月後・1年後とうらなったり。たとえば「今の勉強法を続けたらどうなる？」「はなればなれになった友だちとはどうなる？」など、今後どうなるか気になることを聞いてみて！

うらない方

1 227ページの「うらなう準備」をしたら、カードをすべらせるように並べる。

2 気になるカードを4枚引き、図のように置く。

診断

4枚の未来を、1の位置から順番に、それぞれ何ヵ月後にするのか決めてね。274ページからの「カードの意味」「メッセージ」を参考に、読み取ってみよう。

272

診断例

質問：カレと私の仲は進展する？ これから1ヵ月後ごとに教えて

出たカードが…

3ヵ月後　ブラックゾーン
★気持ちがゆれる
★後かいする
★ハプニングがある

2ヵ月後　シラカバ
★新しい出会いがある
★恋を育てる
★包みこむ

4ヵ月後　ハリエニシダ
★希望を持つ
★前向きになる
★努力は報われる

1ヵ月後　オーク
★おおらかになる
★自分の力で乗り切る
★最後まであきらめない

診断

1ヵ月後の2人の仲は、すぐに望みどおりにかなうわけではないけれど、あきらめずにアプローチすれば進展はありそう。

2ヵ月後には、自分の気持ちばかりでなく、カレの気持ちも考えて。やさしく見守って、手助けする気持ちを持ったほうがいいみたい。

3ヵ月後には、予想しなかったハプニングが起きそう。後かいすることになりそうなので、注意深く行動するべき。

4ヵ月後は、先が見えなくて不安になっても、希望を捨てちゃだめ。努力は報われるから、愛情を持って接していこう。

Part 12 オガムカードうらない

プチOMA　金運アップのおさいふは、パステルカラーのものが最強だよ。

シラカバ

カードの意味
- 新しい出会いがある
- 恋を育てる
- 包みこむ

メッセージ
何かを始めるにはよいときだよ。どんなことにも、母が子を育てるように愛情をかけて接して。自分のことばかりでなく、相手のことも考えること。新たなことが始まる可能性も。不安があってもアセる必要はないから、自分の中の強さを信じて。目標をハッキリさせればうまくいくはず。

ナナカマド

カードの意味
- 感覚がするどくなる
- 見る目がある
- 悪いものから身を守る

メッセージ
直感的にひらめいたことが、重要なヒント。自分へのメッセージだと思って受け取って。感じたことをそのまま実行すること。感覚がするどくなっているので、自分を信じるのが正解。目標を達成できるだけのエネルギーは、もう自分の中にたまっているはずだよ。

ハンノキ

カードの意味
- 強い精神力を持つ
- 回復力がある
- 土台がかたまる

メッセージ

早く早く、とアセれば、かえってうまく進まなくなるよ。結果が出るまでに少し時間がかかるけど、それまでにしっかり基礎をかためておくのが大事。1つのことができれば、次のことに進めるから、だんだんうまくいくはず。もうすぐ、いつ、どう行動すればいいのかがわかるよ。

ヤナギ

カードの意味
- 深くいやされる
- 気持ちを素直に
- 直感で判断する

メッセージ

感じたことを素直に受け入れて。自分の心の声に耳をかたむけること。人に合わせたり、無理にルールに合わせたりしていると、ストレスがたまるばかり。もし体調がよくないと感じていたら、自分の本心をおさえつけているせいかも。気持ちをもっと自由にすれば、よくなるはず。

♥ プチOMA ♥ エンピツのおしりに♀をかいて、つむじをたたくと記憶力が↑

トネリコ

カードの意味
- バランスを取る
- 全体を見る
- 正しく生きる

メッセージ
2つのものから選ぶのに迷ったら、好きキライでなく、他の人の意見も聞いて決めること。今は自分だけの思いで動かないほうが◎。ものごとの全体を見わたす、広い目が必要。まわりの人とのつながりをイシキして、助け合う気持ちが大切だよ。きそく正しい生活も心がけてね。

サンザシ

カードの意味
- 素直になる
- 縁を広げる
- 幸せな恋をする

メッセージ
自分にとって気持ちいいと思えるほうを選んで。それがあなたに縁のある人やモノみたい。新しい出会いで人の輪が広がり、今までと環境が変わって、とまどうこともあるけど、いつかハッピーにつながるはず。ルールや常識よりも、自分が楽しいと思う感覚を優先することが大切なとき。

Part 12 オガムカードうらない

オーク

カードの意味
- おおらかになる
- 自分の力で乗り切る
- 最後まであきらめない

メッセージ
今のあなたの望みは、すぐにかなうものではないけど、このままあきらめずに努力すれば、うまくいくはず。じっくり時間をかけて取り組んでね。人にたよらずに自分で工夫して乗りこえることが大切。その経験が、いつか人を助ける強さになって、みんなに感動をあたえるよ。

ヒイラギ

カードの意味
- 手を差しのべる
- ソンすることもイヤがらない
- 気持ちをおさえる

メッセージ
何かで成功しようと思ったら、苦労もついてくるもの。苦労が大きければ大きいほど成功も大きいの。自分がソンをしていると思っても不満を表さないで。モンクを言わずにがんばれば、みんなにみとめられ、信らいが生まれるから。そのキズナがあなたを幸せにしてくれるはず。

♥ プチOMA ♥ 金色アクセを見えないところにつけておくと、アガらなくなる。

ハシバミ

カードの意味
- ひらめきを得る
- 学ぶ大切さを知る
- 正確に判断する

メッセージ
頭の中に浮かんだことを行動に移して。知識を身につけたければ勉強しようね。目標のための勉強を始めるのは今。あなたが学んだ知識を他の人にも教えることで、また新たな知識を得られそう。他人のうわさや情報をそのまま信じないこと。自分のカンを信じるほうが大事だよ。

リンゴ

カードの意味
- 恋がかなう
- 豊かになる
- 自信を持つ

メッセージ
今のあなたにはミリョクがあるので、自信を持って行動してみて。外見だけでなく、心の美しさにもみがきをかければ、さらにミリョク的になって、愛されるはず。自分を好きになれば、人の長所も見えるようになるよ。あれもこれもとよくばらず、冷静に1つのことに目を向けると◎。

Part 12 オガムカードうらない

ブドウ

カードの意味
- リラックスする
- 個性を生かす
- センスがみがかれる

メッセージ
自分がほしいものは何なのか、よく考えてから行動してみて。人の心はコントロールできないもの。リラックスして、笑顔でお願いすれば、人の協力が得られるはず。感性が豊かになっているので、センスがみがかれるとき。人とちがうことも、個性を表すこともこわがらないで。

アイビー

カードの意味
- ねたむ心がある
- 制限される
- 意志をつらぬく

メッセージ
自分だけ大変だと感じたり、ルールにしばられていると感じたりしたら、いったん冷静になって考えてみて。人からたよられることが多くて、ストレスがたまっているのかも。気楽そうな人を見て、シットしたり、ねたんだりするのはNGだよ。人は見た目ではわからないはず。

♥ プチOMA ♥ 試合前に、両足のアキレスけんを2回ずつさすると勝てるよ。

エニシダ

カードの意味
- 古いものを捨てる
- 習慣を変える
- 新しく始める

メッセージ
今までの自分を変えたいと思ったら、身の回りからいらなくなったものを捨てて。思い切って手放す勇気が、次へのとびらを開けるカギだよ。過去にこだわると、新しい一歩をふみ出せないかも。悪いクセや習慣は今すぐやめようね。しっかりと考え、計画を立ててから、行動すると◎。

ブラックソーン

カードの意味
- 気持ちがゆれる
- 後かいする
- ハプニングがある

メッセージ
予想しない出来事が起きて、とまどっているかも。そうなったのはぐうぜんではなく、かならず原因があるはず。本当は、そうなるかもしれないとわかっていたのかも。でも自分を責めないで。原因と向き合う勇気がわいてきたとき、あなたは今より強くなっているはずだよ。

ニワトコ

カードの意味
- もう一度やり直す
- 変化をおそれない
- 意地をはらない

メッセージ
変化することをおそれているかも。でも時間を止めることはできないもの。過去をふり返るより、これからどうするかを考えようね。何度でもやり直してだいじょうぶ。失敗することもあれば、成功することも。これから体験することが大きな宝物になるはずだよ。

マツ

カードの意味
- 考え方を変える
- 先のことを見通す
- 誕生する

メッセージ
あなたの失敗はそれほど大きいものではなく、自分を責めてクヨクヨする必要はなさそう。自分をダメだと思いこまずに、もっと自分をはげまし、ほめてあげて。自信を取り戻すころ、あなたをおおいかくしていたキリが晴れて、進むべき道が見えてくるはず。

♥ プチOMA ♥ 　ベンピで困っていたら、本屋や図書館でウロウロしてると◎。

ハリエニシダ

カードの意味
- 希望を持つ
- 前向きになる
- 努力は報われる

メッセージ
先が見えなくて不安になっても、希望を捨ててはダメ。あきらめなければ、かならずうまくいくよ。どんなにムダと思えても、今やっていることを続けてよかったと思える日が来るはず。心配しないで。心にあたためている夢をなくさず、努力をやめず、進み続けることが大事だよ。

ヒース

カードの意味
- 情熱を持って行動する
- パートナーが現れる
- やりすぎない

メッセージ
ルールにしばられて、何もやる気が起きなくなっているかも。もっと自由になってもいいはず。思いこみを捨ててみて。自分のカラに閉じこもっていると、持っていた情熱がどんどん消えていってしまうよ。素直な気持ちでやり直してみると、身近なところから心強い味方が現れるはず。

Part 12 オガムカードうらない

ポプラ

カードの意味
- 恐怖に打ち勝つ
- 役に立つ情報がある
- 運命のヒントがある

メッセージ
不安なことがあっても、負けない強さを持って。こわがりすぎると、かえってトラブルになることも。下を向いていないで、しっかり目を開けて、耳をすませば、役に立つ情報に気づくはず。まわりの意見の中にヒントがかくれているかもしれないから、いろんな人の話をちゃんと聞いてね。

イチイ

カードの意味
- リニューアルする
- 記憶力が高まる
- 成長するために変わる

メッセージ
今のままでいようと思っても限界があるかも。変化のときは、近くまでせまっていそう。運命は、あなた自身が変わるべきだと告げているよ。楽しいものではないとしても、将来のために必要な変化だったとわかるはず。抵抗しないで、新しいものを受け入れたほうがよさそう。

♥ プチOMA ♥ けんしょうにおうぼするなら、♂マークをかいて見つめると◎。

木立

カードの意味
- いいアドバイスがある
- みんなで知恵をしぼる
- 話がまとまる

メッセージ
どうしても答えが出ない問題は、親しい人に相談してみて。他の人の言葉を聞くと、解決しそう。複数の人が集まればいろんなアイデアが出るかも。自分1人でなやまずに、知恵をかりると、スムーズに答えにたどりつくはず。とくにもの知りの年長者か、経験のある先輩にたずねると◎。

マユミ

カードの意味
- 他人と比べない
- 今の幸せに気づく
- 心を落ち着ける

メッセージ
今のあなたに必要なのは、あなた自身の幸せについて考えることかも。心をおだやかにして、今持っている幸せを数えてみて。何も持っていない人はいないはず。人と比べるのは×。シットは自分を不幸に思わせてしまう毒。あなたが本当に大切にしたい宝物は何かをよく考えるとき。

スイカズラ

カードの意味
- 秘めた思い
- 大切なものを見ぬく
- 真実を探る

メッセージ

あなたが本当は何を望んでいるのか、あなた自身が気づいておどろくかも。ホンネから目をそらさないで。自分の気持ちに素直になったほうが、希望は案外かないやすくなるもの。願いは口に出したほうがよさそう。実現へのきっかけになるヒントが、だれかからあたえられるかも。

ブナ

カードの意味
- 年長者の知恵
- 学習する
- 古いものにヒント

メッセージ

うまくいかないと感じていたら、選んだものや、やり方がまちがっていた可能性が大。これまでのことをもう一度見直してみると、役に立つヒントが見つかりそう。同じ経験をした人のアドバイスはとくに重要。年上の人にたずねるのが◎。いつかあなたの経験もだれかの役に立つよ。

♥ プチOMA ♥ 窓べにキラキラ光って反射するものを置くと、才能が花開くよ。

海 (うみ)

カードの意味
- 解決する
- 改善して進む
- 素直になる

メッセージ
次の目標が見えてきそう。前に進む準備を始めるとき。こわれてしまったり、うまくいかなかったりして、あと回しにしていたものがあれば、思い切って変えたり、修理したりするとよさそう。うまく直せないものなら、いさぎよくあきらめて捨てたほうがスムーズに進むはずだよ。

オガムカードでおまじない

Part 12 オガムカードうらない

★自分の守護樹のカードをお守りに

あなたの守護樹は、あなたに対してとくに強い力をハッキするのでお守りになるよ。身につけていると、あなたの長所をのばしてくれるはず。

★守護樹が授ける力を選んでお守りに

自分の守護樹でなくても、オガム文字そのものに魔力が宿るので、ほしい力があればそのカードをお守りにするのもOK。

★オガム文字をかく

カードにかかれたオガム文字は、木の魔力そのものなので、持ちものにかいたり、困ったときにサッと指でかいたりすれば、その木の守護を得られるよ。

たとえば……

◆生まれ変わる気持ちで新学期をむかえたいと思ったら、シラカバの「┣」やエニシダの「╪」。
◆仲間を増やしたいと思ったら、ヒースの「╪」や木立の「✳」。
◆成績を上げたいと思ったら、ハシバミの「≡」やブナの「╟」。

💠プチOMA　人さし指と小指に、ダブルでリングをつけると金運が上がる。

監修 水木あかり

ティーン向け雑誌の編集者として活やくしながら、人&自然のかかわりと不思議な法則に興味を持ち、深く研究。その後、うらないに興味を持ち、さまざまな先生から西洋&東洋のうらないを学ぶ。雑誌やモバイルサイトを担当し、「当たる！」と評判のうらない師に！

ナツメ社Webサイト
http://www.natsume.co.jp
書籍の最新情報（正誤情報を含む）は
ナツメ社Webサイトをご覧ください。

カバーイラスト
ミニカ

本文イラスト
ひなことり／belne／ちょこまい
菊地やえ／ミニカ／ぴよな／原ペコリ
のはらあこ／あきはらひかる
久永フミノ／アオキカナエ

本文デザイン
萩原美和
吉原敏文（デザイン軒）
早坂美香
橋本綾子

カバーデザイン
橋本千鶴

編集協力
長澤慶子（株式会社説話社）

編集担当
遠藤やよい
（ナツメ出版企画株式会社）

恋・友・未来を大予言!?
うらないスペシャル

2016年8月5日　初版発行
2019年9月1日　第9刷発行

監修者	水木あかり	Mizuki Akari ,2016
発行者	田村正隆	
発行所	株式会社ナツメ社 東京都千代田区神田神保町1－52　ナツメ社ビル1F　（〒101-0051） 電話　03-3291-1257　（代表）　　FAX　03-3291-5761 振替　00130-1-58661	
制　作	ナツメ出版企画株式会社 東京都千代田区神田神保町1－52　ナツメ社ビル3F　（〒101-0051） 電話　03-3295-3921　（代表）	
印刷所	株式会社リーブルテック	

ISBN978-4-8163-6077-0　　　　　　　　　　　　　　　　　　　　Printed in Japan

本書に関するお問合わせは、上記、ナツメ出版企画株式会社までお願いいたします。
＜定価はカバーに表示してあります＞＜落丁・乱丁本はお取り替えいたします＞
本書の一部または全部を著作権法で定められている範囲を超え、
ナツメ出版企画株式会社に無断で複写、複製、転載、データファイル化することを禁じます。